Arnold Dietrich Schaefer

Abriss der Quellenkunde der griechischen Geschichte

Zweiter Band

Arnold Dietrich Schaefer

Abriss der Quellenkunde der griechischen Geschichte
Zweiter Band

ISBN/EAN: 9783743442207

Hergestellt in Europa, USA, Kanada, Australien, Japan

Cover: Foto ©ninafisch / pixelio.de

Manufactured and distributed by brebook publishing software
(www.brebook.com)

Arnold Dietrich Schaefer

Abriss der Quellenkunde der griechischen Geschichte

ABRISZ DER QUELLENKUNDE

DER

GRIECHISCHEN GESCHICHTE

BIS AUF POLYBIOS

VON

ARNOLD SCHAEFER

ZWEITE AUFLAGE

LEIPZIG

DRUCK UND VERLAG VON B. G. TEUBNER

1873

VORWORT

Diese blätter sind dazu bestimmt vorlesungen über quellenkunde der griechischen geschichte zur unterlage zu dienen und den zuhörern die wichtigsten nachweisungen und zeugnisse an die hand zu geben. dieser zweck bedingte möglichste beschränkung in der auswahl des stoffes: nur an wenigen stellen habe ich geglaubt über das in den vorlesungen zu behandelnde material hinausgehen zu dürfen um zu ferneren studien anregung zu geben. —

Die neue auflage ist sorgfältig durchgesehen und gemäsz den von mehreren seiten mir freundlich ertheilten rathschlägen verbessert. Insbesondere habe ich die herstellung der aus Dionysios von Halikarnass ausgezogenen abschnitte, wesentlich auf grund von handschriften, meinem collegen Usener zu danken.

Bonn den 15 Mai 1867 und 7 Januar 1873   .

A. S.

§ 1. Allgemeine bücherkunde.

Gerardi Ioa. Vossii de historicis Graecis II. III. (1623) auctiores et emendatiores ed. Ant. Westermann. Lips. 1838.

Friedr. Creuzer, die historische kunst der Griechen in ihrer entstehung und fortbildung (1803). 2e. aufl. Leipzig und Darmstadt 1845. Historicorum Gr. antiquissimorum fragmenta. Heidelberg 1806.

Fragmenta historicorum Graecorum collegit, disposuit, notis et prolegomenis illustravit Carolus Müllerus. IV Voll. Parisiis, editore Ambros. Firm. Didot 1841--1851. Vol. V. 1870.

Ctesiae Cnidii et chronographorum Castoris, Eratosthenis, etc. fragmenta — illustrata a C. Müllero, im anhange zu Herodotus rec. Guil. Dindorf. Paris. Didot 1858.

§ 2. Hilfswissenschaften.

a) Geographie und topographie.

Die reisen von W. Martin Leake seit 1800 († 1860); trigonometrische aufnahme des Peloponnes durch die französische wissenschaftliche expedition 1829—31; englische küstenaufnahmen; reisen von Nic. Ulrichs († 1843); Ludw. Ross († 1859); Phil. Le Bas et W. H. Waddington, voyage archéologique en Grèce et en Asie Mineure. Paris 1847 ss. (II. partie: inscriptions.)

Heinr. Kiepert, atlas von Hellas u. d. hellenischen colonien unter mitwirkung des professors Carl Ritter bearbeitet. Berlin 1841—1846; neue bearb. 1867—72.

Ernst Curtius, Peloponnesos. 2 bde. Gotha 1851 f. Attische studien. Göttingen 1862—65. Sieben karten z. topographie von Athen. Gotha 1868.

Conrad Bursian, geographie von Griechenland. 2 bde. Leipzig 1862—72.

b) Chronologie.

Joseph Justus Scaliger: de emendatione temporum (1583). Ed. III. Colon. Allobr. 1629. fol. Thesaurus temporum. Lugd. B. 1606. Ed. 2ª. Amstelod. 1658. fol. vgl. Jac. Bernays, J. J. Scaliger. 1855. s. 90—101.

§ 2. Eusebi chronicorum canonum quae supersunt ed. Alfred Schöne. Berol.
1866. Alfr. v. Gutschmid, de temporum notis quibus Eusebius utitur.
Kiel 1868.

Ludw. Ideler, handbuch der mathematischen und technischen chronologie.
2 bde. Berlin 1825 f.

Aug. Böckh, zur geschichte der mondcyklen der Hellenen. Leipzig 1855.
epigraphisch-chronologische studien. Leipzig 1856.

Henry Fynes Clinton, fasti Hellenici. The civil and military chronology
of Greece from the earliest accounts to the LVth olympiad. Oxford
1834. from the LVth to the CXXIV[th] olympiad. (1824. 1827, ex altera
anglici exemplaris editione conversi a C. G. Krügero. Lips. 1830).
3[d] ed. 1841. from the CXXIV[th] ol. to the death of Augustus. (1830.)
2[d] ed. 1851. 4.

E. W. Fischer, griechische zeittafeln. 1. lief. (—560). Altona 1840. 4.

c) Inschriftenkunde.

J. Franz, elementa epigraphices graecae. Berol. 1840.

Ad. Kirchhoff, studien zur geschichte des griechischen alphabets. ab-
handl. der Berliner akademie a. d. j. 1863. 2. aufl. 1870.

Corpus inscriptionum graecarum. Auctoritate et impensis academiae litte-
rarum regiae Borussicae ed. Aug. Boeckhius. Vol. I. II. Berol.
1825—43 fol. Vol. III. Ex materia collecta ab A. Boeckhio ed.
Io. Franzius. 1853. Vol. IV fasc. I. II. III. Ex materia coll. ab
A. Boeckhio ed. Io. Franzius Ern. Curtius Ad. Kirchhoff. 1856 sq.
Vol. I 1. tituli antiquissima scripturae forma insigniores. 2. inscrip-
tiones Atticae. 3. Megaricae. 4. Peloponnesiacae 5. Boeoticae. 6 Pho-
cicae, Locricae, Thessalicae. — Vol. II 7. inscriptiones Acarnaniae,
Epiri, Illyrici. 8. Corcyrae et vicinarum insularum. 9. tituli aliquot
locorum in Graecia incertorum. 10. inscriptiones Macedoniae et Thra-
ciae. 11. Sarmatiae cum Chersoneso Taurica et Bosporo Cimmerio.
12. insularum Aegaei maris cum Rhodo, Creta, Cypro. 13. Cariae.
14. Lydiae. 15. Mysiae. 16. Bithyniae. — Vol. III 17. inscriptiones
Phrygiae. 18. Galatiae. 19. Paphlagoniae. 20. Ponticae. 21. Cappa-
dociae. 22. Lyciae. 23. Pamphyliae. 24. Pisidiae et Isauriae. 25. Cili-
ciae. 26. Syriae. 27. Mesopotamiae et Assyriae. 28. Mediae et Per-
sidis. 29. Aegypti. 30. Aethiopiae supra Aegyptum. 31. Cyrenaicae.
32. Siciliae cum Melita, Lipara, Sardinia. 33. Italiae. 34. Galliarum.
35. Hispaniae. 36. Britanniae. 37. Germaniae. 38. Pannoniae, Daciae,
Illyrici. — Vol. IV 39. inscriptiones incertorum locorum. 40. inscrip-
tiones Christianae.

Ergänzungen bilden: urkunden über das seewesen des attischen staates,
hergestellt und erläutert von A. Böckh. Mit 18 tafeln, enthaltend
die von hrn. Ludw. Ross gefertigten abschriften. Berlin 1840.

Die staatshaushaltung der Athener von A. Böckh. 2e ausg. zweiter band.
21 beilagen. mit 7 tafeln, enthaltend die grundtexte von inschriften.
Berlin 1851. Ulrich Köhler, urkunden und untersuchungen zur ge-
schichte des delisch-attischen bundes. Berlin 1870 (abhandl. der
akademie 1869).

Ἀρχαιολογικὴ Ἐφημερίς. Athen. 1837 ss. § 2.

Rangabé, A. R., antiquités helléniques ou répertoire d'inscriptions et d'autres antiquités découvertes depuis l'affranchissement de la Grèce. II tomes. Athèn. 1842. 55. 4.

Le Bas, Phil., et W. H. Waddington, voyage archéologique en Grèce et en Asie Mineure. Paris 1847 f.

Die abhandlungen von Karl Keil, Lud. Stephani, Ad. Kirchhoff, Ulrich Köhler, von Foucart und Wescher, von Kumanudes u. a.

d) Masze. gewichte. münzen.

August Böckh, metrologische untersuchungen über gewichte, münzfüsze und masze des altertums in ihrem zusammenhange. Berlin 1838.

Theod. Mommsen, geschichte des römischen münzwesens. Berlin 1860.

Fr. Hultsch, griechische und römische metrologie. Berlin 1862.

J. Brandis, das münz-, masz- und gewichtswesen in Vorderasien bis auf Alexander den groszen. Berlin 1866 (vgl. Gutschmid, hist. Zeitschr. XVI 386. Hultsch Jahrb. 1867 513).

Jos. Hilar. v. Eckhel doctrina numorum veterum. VIII voll. Vindob. 1792—98. addit. 1826. 4.

T. E. Mionnet description de médailles antiques Grecques et Romaines 6 voll. Paris 1806—13. Supplément. 9 voll. 1819—37.

W. M. Leake numismata Hellenica: a catalogue of Greek coins. London 1854. Supplement 1859. 4.

M. Pinder die antiken münzen des königlichen museums. Berlin 1851.

E. Beulé les monnaies d' Athènes. Paris 1858.

L. Müller numismatique d' Alexandre le Grand. Copenhague 1855.

I. Die ältere zeit bis zur geschichtschreibung Herodots.

§ 3. Das älteste zeugnis über ursprung und wesen des volkes ist seine sprache, nächst dieser mythos und sage. fernere zeugnisse geben die schrift, masze, gewichte, münzfüsze.

§ 4. Die vergleichende sprachwissenschaft, begründet von Franz Bopp seit 1816 (vergleichende grammatik des sanskrit, zend, griechischen, lateinischen, litthauischen, altslawischen, gothischen und deutschen. 4 abt. Berlin 1833—42. 2. aufl. 1857—61). die arbeiten von Christian Lassen (über die lykischen inschriften und die alten sprachen Kleinasiens. zeitschrift der deutschen morgenländ. gesellschaft X 329. 1856), Aug. Fr. Pott (etymologische forschungen. (2 bde. Lemgo 1833. 36. 2e aufl. 1859. 61), Georg Curtius, (grundzüge der griechischen etymologie (1858. 62). 3. aufl. Leipzig 1869.)

1*

§ 4.   Die geschichte der griechischen sprache, insbesondere
die verzweigung der dialekte, legt für die ganze geschichte
des griechischen volks zeugnis ab.

§ 5. Mythologie.

[Fr. Creuzer, symbolik und mythologie der alten völker, besonders der
Griechen. (1810). 3e aufl. (Leipzig und Darmst. 4 bde.) 1837—42.]
Frz. Karl Movers, die Phönizier. bd. I. II. 1841—1856.
Griechische mythologie von Ed. Gerhard. 2 tle.   Berlin 1854 f. L. Prel-
ler. 2 bde.   Berlin (1854) 1860 f. griechische götterlehre von F. G.
Welcker. 3 bde. Göttingen 1857—63.

§ 6. Denkmäler.

Die geschichte der griechischen kunst, vorzüglich der
baukunst, ist eine fortwährende illustration der geschichte
des griechischen volks, in dem verhältnis wie die kunst-
schöpfungen zu den grösten thaten seiner geistigen und
materiellen kraft gehören.

Zu den ältesten denkmälern griechischer cultur gehören
die stadtmauern von Tiryns ($\tau\epsilon\iota\chi\iota\acuteo\epsilon\sigma\sigma\alpha$ Il. II 559), von My-
kenae, das löwenthor und das schatzhaus zu Mykenae, die
katabothren des Kopaïssees.

Seit ol. 59. 544 wurden zu Olympia bildsäulen der sieger
aufgestellt; bald nach ol. 68 (508) zu Athen auf dem markte
bildsäulen des Harmodios und Aristogeiton.

§ 7.   Die poetische litteratur der Griechen.

G. Bernhardy, grundrisz der griechischen litteratur. t. 1 u. 2 (1836—45)
3e aufl.   Halle 1861—72.
K. Otfr. Müller, gesch. d. griech. litteratur. 2 bde.   Breslau 1841.
Will. Mure, crit. history of the language and literature of ancient Greece
(1850).   Vol. I—V. 2. ed.   London 1854—60.
Theod. Bergk, griechische litteraturgeschichte. Bd. 1.   Berlin 1872.

a. Die epische poesie.

F. Aug. Wolf, prolegomena ad Homerum. Hal. 1795.
F. G. Welcker, der epische cyklus oder die Homerischen dichter. 2 bde.
(1835. 49). 2e aufl. Bonn 1865.
F. Ritschl, die samlung der Homerischen gedichte durch Peisistratus
(1838). Opusc. I 31.
K. Lachmann, betrachtungen über Homers Ilias. Berlin 1847.
Ad. Kirchhoff, die Odyssee und ihre entstehung. Berlin 1850.
G. W. Nitzsch, beiträge z. gesch. d. ep. poesie d. Griechen. Leipzig
1862 u. a.

§ 7.

Das heroische epos: Homer und die Homeriden.
Theogonien. Didaktische poesie: Hesiodos.
Das kunstepos: gelesene poesie; epopöen. die sogenannten kykliker. — bearbeitung landschaftlicher mythen und genealogien in versen.

b. Die lyrik.

Th. Bergk, poetae lyrici graeci tertiis curis rec. Lips. (1843) 1866 f.

Die lyrik als die kunst der gegenwart und des momentes gibt zeugnis von den gleichzeitigen zuständen und begebenheiten.

Kallinos von Ephesos (vor 700). Archilochos von Paros. Mimnermos von Kolophon.

Der chorgesang bei den Doriern, namentlich bei den Spartanern: Alkman von Sardes. Thaletas von Kreta. Terpandros von Lesbos. Tyrtaeos (von Aphidna) blüht zur zeit des zweiten messenischen kriegs (ol. 33, 4—38, 1. 645—628).

Pflege der Dionysosfeste durch die tyrannen. Arion's dithyramben (in der zeit des tyrannen Periandros von Korinth seit 625).

Die hymnen des mythensammelnden und mythenbildenden Stesichoros von Himera (632—553). Tab. Iliaca (CIG. III nr. 6125. Ad. Michaelis ann. del instit. XXX p. 100 f.): Ἰλίου πέρσις κατὰ Στησίχορον. — Αἰνήας σὺν τοῖς ἰδίοις ἀπαίρων εἰς τὴν Ἑσπερίαν.

Die subjective lyrik bei den Aeoliern. Sappho und Alkaeos von Mytilene. die στασιωτικά von Alkaeos (um 590).

Die politische poesie zu Athen. Solon's dichtungen (ol. 46, 3. 594). — spruchdichtung des Theognis von Megarà (um ol. 59. 544). — die hoflitteratur der Peisistratiden.

Simonides von Iulis auf Keos (ὁ Κεῖος geb. 556 † 468) erfuhr die gunst der Peisistratiden und des thessalischen adels; feierte in seinen epigrammen, elegien und lobgesängen die thaten der Hellenen im Perserkriege und beschloss sein leben am hofe Hieron's von Syrakus.

Pindaros von Theben (geb. 522 † 442) als meister der poesie hochgehalten in der ganzen hellenischen welt, von fürsten sowol wie von freien staaten.

§ 7. Pindari opera quae supersunt. textum — rec., annot. cr., scholia integra, interpr. lat., comment. perpet. et indices adj. A. Boeckhius. Tom. II (ptes IV). Lips. 1811—21. 4.
Vgl. Tycho Mommsen, Pindaros. zur geschichte des dichters und der parteikämpfe seiner zeit. Kiel 1843. Leop. Schmidt, Pindars leben und dichtung. Bonn 1862.

Timokreon von Ialysos, als Perserfreund verbannt, feindete Simonides und Themistokles an. A. Boeckh de Timocreonte Rhodio. Berol. 1833 (kl. schriften IV).

c. Das drama.

Anfänge der tragödien unter Peisistratos. Thespis von Ikaria um 536. satyrdramen von Pratinas. nach dem einsturze der bretergerüste ol. 70, 1. 500 ward das Dionysische theater zu Athen erbaut.

Phrynichos: Μιλήτου ἅλωσις. Φοίνισσαι ol. 75, 4. 476: choregie des Themistokles.

Aeschylos (geb. 525 † 456 bei Gela). Πέρσαι ol. 76, 4. 472. die thebanische trilogie ol. 78, 1. 467. die Orestie ol. 80, 2. 458.

Sophokles (geb. 496 † 406,5) gewann den ersten preis mit dem Triptolemos ol. 77, 4. 468. Antigone ol. 84, 3. 441.

Entwickelung der komödie in Sicilien. Epicharmos ol. 73, 3. 486. weitere ausbildung derselben zu Athen.

§ 8.   Die ältesten jahrbücher und urkunden.

Ordnung der heiligen zeiten und des kalenders durch die priester. aufzeichnung der sieger zu Olympia seit 776.
Euseb. chron. I p. 39 Scal. (Cramer anecd. Paris. II p. 141) ἱστοροῦσι δὲ οἱ περὶ Ἀριστόδημον τὸν Ἠλεῖον ὡς ἀπὸ εἰκοστῆς καὶ ἑβδόμης ὀλυμπιάδος ἤρξαντο οἱ ἀθληταὶ ἀναγράφεσθαι, ὅσοι δηλαδὴ νικηφόροι· πρὸ τοῦ γὰρ οὐδεὶς ἀνεγράφη, ἀμελησάντων τῶν προτέρων. τῇ δὲ εἰκοστῇ ὀγδόῃ τὸ στάδιον νικῶν Κόροιβος Ἠλεῖος ἀνεγράφη πρῶτος, καὶ ἡ ὀλυμπιὰς αὕτη πρώτη ἐτάχθη, ἀφ᾽ ἧς Ἕλληνες ἀριθμοῦσι τοὺς χρόνους. τὰ δὲ αὐτὰ τῷ Ἀριστοδήμῳ καὶ Πολύβιος ἱστορεῖ.
Ὀλυμπιονικῶν ἀναγραφή herausgegeben von dem sophisten Hippias von Elis (um 400) Plut. Num. 1; von Era-

tosthenes (um 220) Müller fragm. chronolog. p. 203 s.; von § 8.
Phlegon von Tralles (bis ol. 229 = 137 n. Chr.) Müller III
602. Meineke zu Steph. B. p. 204; von S. Julius Africanus
(bis ol. 249 = 217 n. Ch.).

S. Julii Africani 'Ολυμπιάδων ἀναγραφή rec. J. Rutgers, Lugd. B. 1862.
(Scaligers Reconstruction: ἱστοριῶν συναγωγή. ὀλυμπιάδων ἀναγραφή.
Thes. temp. 1658 p 313—399. S. Ewald Scheibel, Jos. Scaligeri
'Ολυμπιάδων 'Αναγραφή. Berol. 1852. 4.)

Marmorfragment eines verzeichnisses preisgekrönter Athe-
ner (vor ol. 129. 264): Sauppe Gött. N. 1867 s. 146. —
Die Karneen zu Sparta (ol. 26. 676). verzeichnis der
Καρνεονῖκαι von Hellanikos. Athen. XIV 635ᶜ.

Erneuerung der Pythien ol. 48, 3. 586, der Isthmien ol.
49, 3. 582, der Nemeen ol. 51, 4. 573, der Panathenäen ol.
53, 3. 566. Πυϑιονῖκαι von Aristoteles (fr. 572).

Verzeichnisse der (lebenslänglichen) priester.

Die priesterinnen der Hera von Argos (Hellanikos
'Ιέρειαι αἱ ἐν "Αργει).

Copie eines älteren verzeichnisses der priester des Isthmischen Poseidons
zu Halikarnass CIG. II nr. 2655. —

Verzeichnisse der könige und höchsten beamten (aus-
züge davon in Eusebios chronica).

J. Brandis de temporum graecorum antiquissimorum rationibus. Bonn
1857. 4. vgl. Gutschmid, jhb. 1861 S. 21 ff.
Alfr. v. Gutschmid, die makedonische anagraphe. Symb. philol. Bon-
nens. 1864—67. I 102 ff.

Für die ältere zeit genealogien und berechnung nach
menschenaltern; chronologie seit dem 8. jh. v. Chr.

Zehnjährige archonten zu Athen ol. 7, 1. 752; einjäh-
rige ol. 24, 2. 683. eponyme ephoren zu Sparta um ol. 14.
724. Plutarch. Lyk. 7 ἔτεσί που μάλιστα τριάκοντα καὶ
ἑκατὸν μετὰ Λυκοῦργον πρώτων τῶν περὶ "Ελατον ἐφόρων
καταστάϑέντων ἐπὶ Θεοπόμπου βασιλεύοντος. Euseb. ol..5,
4. 757 ἐν Λακεδαίμονι πρῶτος ἔφορος κατεστάϑη. Plut.
Ages. 19 Λακωνικαὶ ἀναγραφαί d. h. stammtafeln.

Ergänzung und redaction von geschlechtsregistern im
zeitalter der Peisistratiden.

Priesterliche aufzeichnungen zur tempelgeschichte; zum
heiligen rechte (der diskos des Iphitos mit der 'Ολυμπιακὴ
ἐκεχειρία. Aristot. fr. 490). sammlungen von orakelsprüchen
zu Delphi Eurip. Plisth. fr. 629 Nauck. εἰσὶν γάρ, εἰσὶ διφ-

§ 8. ϑέραι μελαγγραφεῖς | πολλῶν γέμουσαι Λοξίου γηρυμάτων. vgl. Plut. Lysandr. 26 ὡς ἐν γράμμασιν ἀπορρήτοις ὑπὸ τῶν ἱερέων φυλάττοιντο παμπάλαιοι δή τινες χρησμοί — τὰς δέλτους ἐν αἷς ἦσαν οἱ χρησμοί. zu Sparta in verwahrung der könige und der Πυθιοι Herod. VI 57; vgl. Plutarch. gKolotes 17 p. 1116ᶠ Λακεδαιμόνιοι τὸν περὶ Λυκούργου χρησμὸν ἐν ταῖς παλαιοτάταις ἀναγραφαῖς ἔχοντες; andere sprüche „auf der haut des Epimenides" im amthause der ephoren. Diogen. spr. VIII 28 (I p. 309 Leutsch). Suid. u. Ἐπιμενίδης.

Schriftliche gesetze zuerst in den colonien. Zaleukos in Lokri ol. 29, 3. 662. Strab. VI p. 259 οἱ Λοκροὶ οἱ Ἐπιξεφύριοι — πρῶτοι δὲ νόμοις ἐγγράπτοις χρήσασθαι πεπιστευμένοι εἰσίν. zu Athen Drakon's ϑεσμοί ol. 39, 4. 621 (inschriftliche copie seines gesetzes über mord, angeordnet ol. 92, 4. 409. hgg. v. U. Köhler Hermes II 27: [τ]ὸ[ν] Δράκοντος νόμον τὸμ περὶ τοῦ φ[όν]ου ἀν[α]γρα[ψ]ά[ν]τ[ων οἱ ἀ]ν[αγρ]αφεῖς τῶν νόμων παραλαβόντες παρὰ [τ]οῦ [κατὰ πρυτανείαν γραμμ]ατέως τῆς βουλῆς ἐ(ν) στήλῃ λιϑίνῃ. vgl. Ad. Philippi jhb. 1872, 577. Th. Bergk Philol. XXXII 669). Solons gesetze (ἄξονες od. κύρβεις) ol. 46, 3. 594.

Carl Curtius, de actorum publ. cura apud Graecos. I. Gott. 1865. das Metroon in Athen als staatsarchiv. Berlin 1868.

§ 9. Anfänge der geschichtschreibung.

In Ionien schrieb zuerst Pherekydes von Syros in prosa (um ol. 59. 544). dort entstand auch die geschichtschreibung.

Litterarhistorische nachrichten über die schriftsteller, zum teil aus Alexandrinischer pinakographie, bei Suidas und den scholiasten. ΒΙΟΓΡΑΦΟΙ. Vitarum scriptores graeci minores ed. Ant. Westermann. Brunsv. 1845 lib. V p. 187—229. vgl. Died. Volkmann, de Suidae biographicis. Bonn 1861. dess. quaestiones alterae. Symb. phil. Bonn. p. 715. C. Wachsmuth, de fontibus ex quibus Suidas in scriptorum gr. vitis hauserit observationes. eb. p. 135. Alfr. Schöne, untersuchungen über d. leb. d. Sappho eb. 731.

Allgemeine zeugnisse:

Strab. I p. 18 πρώτιστα γὰρ ἡ ποιητικὴ κατασκευὴ παρῆλϑεν εἰς τὸ μέσον καὶ εὐδοκίμησεν· εἶτα ἐκείνην μιμούμενοι, λύσαντες τὸ μέτρον τἆλλα δὲ φυλάξαντες τὰ ποιητικά, συνέγραψαν οἱ περὶ Κάδμον καὶ Φερεκύδη καὶ Ἑκαταῖον.

Dionys. H. π. τ. Θουκυδ. χαρακτ. 5 p. 818 s. ἀρχαῖοι μὲν § 9. οὖν συγγραφεῖς πολλοὶ καὶ κατὰ πολλοὺς τόπους ἐγένοντο πρὸ τοῦ Πελοποννησιακοῦ πολέμου· ἐν οἷς ἐστὶν Εὐγέων τε ὁ Σάμιος καὶ Δηίοχος ὁ Προκοννήσιος καὶ Εὔδημος ὁ Πάριος καὶ Δημοκλῆς ὁ Πυγελεὺς καὶ Ἑκαταῖος ὁ Μιλήσιος, ὅ τε Ἀργεῖος Ἀκουσίλαος καὶ ὁ Λαμψακηνὸς Χάρων καὶ ὁ Χαλκηδόνιος Μελησαγόρας· ὀλίγῳ δὲ πρεσβύτεροι τῶν Πελοποννησιακῶν καὶ μέχρι τῆς Θουκυδίδου παρεκτείναντες ἡλικίας Ἑλλάνικός τε ὁ Λέσβιος καὶ Δαμάστης ὁ Σιγεὺς καὶ Ξενομήδης ὁ Χῖος καὶ Ξάνθος ὁ Λυδὸς καὶ ἄλλοι συχνοί. οὗτοι προαιρέσει τε ὁμοίᾳ ἐχρήσαντο περὶ τὴν ἐκλογὴν τῶν ὑποθέσεων καὶ δυνάμεις οὐ πολύ τι διαφερούσας ἔσχον ἀλλήλων, οἱ μὲν τὰς Ἑλληνικὰς ἀναγράφοντες ἱστορίας οἱ δὲ τὰς βαρβαρικάς, καὶ αὐτὰς δὲ ταύτας οὐ συνάπτοντες ἀλλήλαις ἀλλὰ κατ᾽ ἔθνη τε καὶ κατὰ πόλεις διαιροῦντες καὶ χωρὶς ἀλλήλων ἐκφέροντες, ἕνα καὶ τὸν αὐτὸν φυλάττοντες σκοπόν, ὅσαι διεσώζοντο παρὰ τοῖς ἐπιχωρίοις μνῆμαι καὶ εἴτ᾽ ἐν ἱεραῖς εἴτ᾽ ἐν βεβήλοις ἀποκείμεναι γραφαί, ταύτας εἰς τὴν κοινὴν ἁπάντων γνῶσιν ἐξενεγκεῖν οἵας παρέλαβον, μήτε προστιθέντες αὐταῖς τι μήτ᾽ ἀφαιροῦντες, ἐν αἷς καὶ μῦθοί τινες ἐνῆσαν ἀπὸ τοῦ πολλοῦ πεπιστευμένοι χρόνου καὶ θεατρικαί τινες περιπέτειαι πολὺ τὸ ἠλίθιον ἔχειν τοῖς νῦν δοκοῦσαι· λέξιν τε ὡς ἐπὶ τὸ πολὺ τὴν αὐτὴν ἅπαντες ἐπιτηδεύσαντες, ὅσοι τοὺς αὐτοὺς προείλοντο τῶν διαλέκτων χαρακτῆρας, τὴν σαφῆ καὶ κοινὴν καὶ καθαρὰν καὶ σύντομον καὶ τοῖς πράγμασι προσφυῆ καὶ μηδεμίαν σκευωρίαν ἐπιφαίνουσαν τεχνικήν. ἐπιτρέχει μέντοι τις ὥρα τοῖς ἔργοις αὐτῶν καὶ χάρις τοῖς μὲν πλείων τοῖς δὲ ἐλάττων, δι᾽ ἣν ἔτι μένουσιν αὐτῶν αἱ γραφαί.

Vgl. cap. 6 p. 822. 7 p. 823 — πολλὴν ἔχων συγγνώμην εἰ καὶ τῶν μυθικῶν ἥψαντο πλασμάτων ἐθνικάς τε καὶ τοπικὰς ἐκφέροντες ἱστορίας. ἐν ἅπασι γὰρ ἀνθρώποις καὶ κοινῇ κατὰ τόπους καὶ κατὰ πόλεις ἰδίᾳ μνῆμαί τινες ἐσώζοντο καὶ τῶν τοιούτων ἀκουσμάτων, ὥσπερ ἔφην· ἃς διαδεχόμενοι παῖδες παρὰ πατέρων ἐπιμελὲς ἐποιοῦντο παραδιδόναι τοῖς ἐκγόνοις κτέ.

Cap. 23 p. 863 s. οἱ μὲν οὖν ἀρχαῖοι πάνυ (συγγραφεῖς) καὶ ἀπ᾽ αὐτῶν μόνον γινωσκόμενοι τῶν ὀνομάτων ποίαν τινὰ λέξιν ἐπετήδευσαν οὐκ ἔχω συμβαλεῖν —. οὔτε γὰρ διασώζονται τῶν πλειόνων αἱ γραφαὶ μέχρι τῶν καθ᾽ ἡμᾶς χρόνων οὔθ᾽ αἱ διασωζόμεναι παρὰ πᾶσιν ὡς ἐκείνων

§ 9. οὖσαι τῶν ἀνδρῶν πιστεύονται· ἐν αἷς εἰσὶν αἵ τε Κάδμου τοῦ Μιλησίου καὶ Ἀριστέου τοῦ Προκοννησίου καὶ τῶν παραπλησίων τούτοις. οἱ δὲ πρὸ τοῦ Πελοποννησιακοῦ γενόμενοι πολέμου καὶ μέχρι τῆς Θουκυδίδου παρεκτείναντες ἡλικίας ὁμοίας ἔσχον ἅπαντες ὡς ἐπὶ τὸ πολὺ τὰς προαιρέσεις, οἵ τε τὴν Ἰάδα προελόμενοι διάλεκτον, τὴν ἐν τοῖς τότε χρόνοις μάλιστ᾽ ἀνθοῦσαν, καὶ οἱ τὴν ἀρχαίαν Ἀτθίδα, μικράς τινας ἔχουσαν διαφορὰς παρὰ τὴν Ἰάδα.

Joseph. wider Apion I 2 p. 175, 17 Bk. später anfang der schriftstellerei bei den Hellenen: οἱ — τὰς ἱστορίας ἐπιχειρήσαντες συγγράφειν παρ᾽ αὐτοῖς, λέγω δὲ τοὺς περὶ Κάδμον τε τὸν Μιλήσιον καὶ τὸν Ἀργεῖον Ἀκουσίλαον, καὶ μετὰ τοῦτον εἴ τινες ἄλλοι λέγονται γενέσθαι, βραχὺ τῆς Περσῶν ἐπὶ τὴν Ἑλλάδα στρατείας τῷ χρόνῳ προύλαβον· ἀλλὰ μὴν καὶ τοὺς περὶ τῶν οὐρανίων τε καὶ θείων πρώτους παρ᾽ Ἕλλησι φιλοσοφήσαντας, οἷον Φερεκύδην τε τὸν Σύριον καὶ Πυθαγόραν καὶ Θάλητα, πάντες συμφώνως ὁμολογοῦσιν Αἰγυπτίων καὶ Χαλδαίων γενομένους μαθητὰς ὀλίγα συγγράψαι. καὶ ταῦτα τοῖς Ἕλλησιν εἶναι δοκεῖ πάντων ἀρχαιότατα, καὶ μόλις αὐτὰ πιστεύουσιν ὑπ᾽ ἐκείνων γεγράφθαι. Plin. N. H. VII 205 *prosam orationem condere Pherecydes Syrius instituit Cyri regis aetate, historiam Cadmus Milesius* (V 112 *Miletus Ioniae caput — nec fraudanda cive Cadmo, qui primus prosam orationem condere instituit*).

Der geschichtschreiber Kadmos (Müller FGH. II 2) ist eine mythische person. Suidas: Κάδμος Πανδίονος Μιλήσιος ἱστορικός, ὃς πρῶτος κατά τινας συγγραφὴν ἔγραψε καταλογάδην, μικρῷ νεώτερος Ὀρφέως. συνέταξε δὲ κτίσιν Μιλήτου καὶ τῆς ὅλης Ἰωνίας ἐν βιβλίοις δ'. vgl. u. Φερεκύδης Σύριος — πρῶτον δὲ συγγραφὴν ἐξενεγκεῖν (Φερεκύδη) πεζῷ λόγῳ τινὲς ἱστοροῦσιν, ἑτέρων τοῦτο εἰς Κάδμον·τὸν Μιλήσιον φερόντων.

Inhalt der ältesten geschichtsbücher:

a) Mythen und sagen. κτίσεις. γένη. γενεαλογίαι. b) annalen. Diod. I 26 Wessel... ἀφ᾽ ἧς αἰτίας καὶ παρ᾽ ἐνίοις τῶν Ἑλλήνων τοὺς ἐνιαυτοὺς ὥρους καλεῖσθαι καὶ τὰς κατ᾽ ἔτος ἀναγραφὰς ὡρογραφίας προσαγορεύεσθαι. Censor. de die nat. 19, 6 *sunt qui tradunt — annum horon dici et graecos annales horus et eorum scriptores horographos.* c) länderbe-

schreibung, mit fremden sagen und geschichten. Milet cen- §9.
trum des weltverkehrs im 6. jh. v. Ch.

Über Skylax von Karyanda s. § 24.

§ 10. Hekataeos von Milet.

Fr. ed. R. H. Klausen. Berol. 1831. Müller FHG. I ix. 1.

Suidas: Ἑκαταῖος Ἡγησάνδρου Μιλήσιος γέγονε κατὰ
τοὺς Δαρείου χρόνους —, ὅτε καὶ Διονύσιος ἦν ὁ Μιλήσιος,
ἐπὶ τῆς ξε᾽ ὀλυμπιάδος (520), ἱστοριογράφος. — πρῶτος δὲ
ἱστορίαν πεζῶς ἐξήνεγκε, συγγραφὴν δὲ Φερεκύδης. τὰ γὰρ
Ἀκουσιλάου νοθεύεται. vgl. u. Ἑλλάνικος u. s. 16.

Hekataeos war weitgereist und tritt zur zeit des Io-
nischen aufstandes als staatsmann hervor (Herod. V 36. 135
sq. Diod. X fr. 25, 2 Df.).

Er schrieb: 1) Γῆς περίοδος 2 bb. (I. Εὐρώπη.
II. Ἀσία) Strab. I p. 7 (ὅτι Ὅμηρος τῆς γεωγραφίας ἦρξεν)
— πρώτους μεθ᾽ Ὅμηρον δύο φησὶν Ἐρατοσθένης, Ἀναξί-
μανδρόν τε Θαλοῦ γεγονότα γνώριμον καὶ πολίτην (l. ἀκου-
στήν) καὶ Ἑκαταῖον τὸν Μιλήσιον· τὸν μὲν οὖν ἐκδοῦναι
πρῶτον γεωγραφικὸν πίνακα, τὸν δὲ Ἑκαταῖον καταλιπεῖν
γράμμα, πιστούμενον ἐκείνου εἶναι ἐκ τῆς ἄλλης αὐτοῦ γρα-
φῆς. Agathem. γεωγρ. ὑποτύπ. I 1 (Müller geogr. gr. m.
II p. 471).

F. Aug. Ukert, über die geogr. des Hekataeus u. Damastes. Weim. 1814.
dess. geogr. d. Griechen u. Römer I. 1816.

Zweifel an der echtheit der beschreibung von Aegypten:
Arrian. V 6, 5 Αἴγυπτόν τε Ἡρόδοτός τε καὶ Ἑκαταῖος οἱ
λογοποιοί, ἢ εἰ δή του ἄλλου ἢ Ἑκαταίου ἐστὶ τὰ ἀμφὶ τῇ
γῇ τῇ Αἰγυπτίᾳ ποιήματα, δῶρον — τοῦ ποταμοῦ ἀμφότεροι
ὡσαύτως ὀνομάζουσιν. vgl. A. v. Gutschmid philol. X. 525. Herm.
Hollander de Hecataei descr. terrae qu. er. Bonn. 1861.

2) Γενεαλογίαι. fragmente aus 4 bb. der anfang
lautete nach Demetr. π. ἑρμην. § 12 (IX p. 9 W.) Ἑκαταῖος
Μιλήσιος ὧδε μυθεῖται. τὰ δὲ γράφω ὥς μοι δοκεῖ ἀληθέα
εἶναι. οἱ γὰρ Ἑλλήνων λόγοι πολλοί τε καὶ γελοῖοι, ὡς ἐμοὶ
φαίνονται, εἰσίν. Über seine redeweise und darstellung
s. [Longin.] π. ὕψ. 27, 2. Hermog. π. ἰδ. II 12, 6 (III 399 W.)
Ἑκαταῖος δὲ ὁ Μιλήσιος, παρ᾽ οὗ δὴ μάλιστα ὠφέληται ὁ
Ἡρόδοτος, καθαρὸς μέν ἐστι καὶ σαφής, ἐν δέ τισι καὶ ἡδὺς
οὐ μετρίως, τῇ διαλέκτῳ δὲ ἀκράτῳ Ἰάδι καὶ οὐ μεμιγμένῃ

§ 10. χρησάμενος οὐδὲ κατὰ τὸν Ἡρόδοτον ποικίλῃ ἧττόν ἐστι ἕνεκά γε τῆς λέξεως ποιητικός. καὶ ἡ ἐπιμέλεια δὲ αὐτῷ οὐ τοσαύτη, οὐδ᾽ ὅμοιος ὁ κόσμος ὁ περὶ αὐτήν. διὸ καὶ ταῖς ἡδυναῖς ἐλαττοῦται πολλῷ τοῦ Ἡροδότου, ἀλλὰ πάνυ πολλῷ, καίτοι γε μύθους τὰ πάντα σχεδὸν καὶ τοιαύτην (1. ποιητικήν) τινὰ ἱστορίαν συγγραψάμενος.

Über Hekataeos vgl. Herod. VI 137..II 143. IV 36. II 20. 21.

§ 11. Der Lyder Xanthos. Dionysios von Milet.

Müller FHG I xx 36. II 5. IV 653.

Solin. 40, 6 *ingenia Asiatica inclita per gentes fuere.* — *historiae conditores Xanthus Hecataeus Herodotus.*

Suidas: Ξάνθος Κανδαύλου Λυδὸς ἐκ Σάρδεων, ἱστορικός, γεγονὼς ἐπὶ τῆς ἁλώσεως Σάρδεων· Λυδιακὰ βιβλία δ´.

Strab. XIII p. 628 Ξάνθος δὲ ὁ παλαιὸς συγγραφεὺς Λυδὸς μὲν λέγεται, εἰ δὲ ἐκ Σάρδεων οὐκ ἴσμεν.

Strab. I p. 49 (Ἐρατοσθένης) τὴν Στράτωνος ἐπαινεῖ δόξαν τοῦ φυσικοῦ, καὶ ἔτι Ξάνθου τοῦ Λυδοῦ· τοῦ μὲν Ξάνθου λέγοντος ἐπ᾽ Ἀρταξέρξου γενέσθαι μέγαν αὐχμὸν ὥστ᾽ ἐκλιπεῖν ποταμοὺς καὶ λίμνας καὶ φρέατα· αὐτόν τε εἰδέναι πολλαχῇ πρόσω ἀπὸ τῆς θαλάττης λίθον τε κογχυλιώδη καὶ τὰ κτενώδεα καὶ χηραμύδων τυπώματα καὶ λιμνοθάλατταν ἐν Ἀρμενίοις καὶ Ματιηνοῖς καὶ ἐν Φρυγίᾳ τῇ κάτω, ὧν ἕνεκα πείθεσθαι τὰ πεδία ποτὲ θάλατταν γενέσθαι.

Dionys. H. π. τ. Θουκυδ. χαρ. 5 ὀλίγῳ δὲ πρεσβύτεροι τῶν Πελοποννησιακῶν — Ἑλλάνικός τε — καὶ Ξάνθος ὁ Λυδός (s. o. s. 9).

Dionys. archaeol. I 28 bemerkt gegen Herodot (I 94): Ξάνθος δὲ ὁ Λυδός, ἱστορίας παλαιᾶς εἰ καί τις ἄλλος ἔμπειρος ὤν, τῆς δὲ πατρίου καὶ βεβαιωτῆς ἂν οὐδενὸς ὑποδεέστερος νομισθείς, οὔτε Τυρρηνὸν ὠνόμακεν οὐδαμοῦ τῆς γραφῆς δυνάστην Λυδῶν οὔτε ἀποικίαν Μηόνων εἰς Ἰταλίαν κατασχοῦσαν ἐπίσταται, Τυρρηνίας τε μνήμην ὡς Λυδῶν ἀποικήσεως ταπεινοτέρων ἄλλων μεμνημένος οὐδεμίαν πεποίηται· Ἄτνος δὲ παῖδας γενέσθαι λέγει Λυδὸν καὶ Τόρηβον, τούτους δὲ μερισαμένους τὴν πατρῴαν ἀρχὴν ἐν Ἀσίᾳ καταμεῖναι ἀμφοτέρους, καὶ τοῖς ἔθνεσιν ὧν ἦρξαν ἐπ᾽ ἐκείνων φησὶ τεθῆναι τὰς ὀνομασίας, λέγων ὧδε· ἀπὸ Λυδοῦ μὲν γίνονται Λυδοί, ἀπὸ Τορήβου δὲ Τόρηβοι. τούτων ἡ

γλῶσσα ὀλίγον παραφέρει, καὶ νῦν ἔτι συλοῦσιν ἀλλήλους § 11.
(ξυνοῦσιν ἀλλήλοις Meineke) ῥήματα οὐκ ὀλίγα, ὥσπερ Ἴωνες καὶ Δωριεῖς'.

Die lydische Geschichte des Xanthos ward von Menippos ausgezogen (Diog. L. VI 101 (Μένιππος) α', ὁ γράψας τὰ περὶ Λυδῶν καὶ Ξάνθον ἐπιτεμόμενος) und von Nikolaos von Damaskos als quelle (bis auf Kroisos) benutzt.

Über Dionysios Suidas: Διονύσιος Μιλήσιος ἱστορικός. τὰ μετὰ Δαρεῖον ἐν βιβλίοις ε', περιήγησιν οἰκουμένης, Περσικὰ Ἰάδι διαλέκτῳ, Τρωικῶν βιβλία γ', μυθικά, κύκλον ἱστορικὸν ἐν βιβλίοις ζ' (ϛ' Eudokia). vgl. Suid. u. Ἑκαταῖος (§ 10).

Nur die persische geschichte wird mit sicherheit auf Dionysios von Milet zurückgeführt. Als deren titel vermutet Müller IV 653 τὰ μέχρι Δαρείου Περσικά.

Eine Fälschung der Lydiaka von Xanthos ward vermuthet von Welcker (1830) kl. schriften I 431. d. epische cyklus I² 70, auf grund von Athen. XII p. 515ᵈᵉ ὡς ἱστορεῖ Ξάνθος ὁ Λυδὸς ἢ ὁ τὰς εἰς αὐτὸν ἀναφερομένας ἱστορίας συγγεγραφώς, Διονύσιος ὁ Σκυτοβραχίων, ὡς Ἀρτέμων φησὶν ὁ Κασανδρεὺς ἐν τῷ περὶ ἀναγωγῆς βιβλίων, ἀγνοῶν ὅτι Ἔφορος ὁ συγγραφεὺς μνημονεύει αὐτοῦ ὡς παλαιοτέρου ὄντος καὶ Ἡροδότῳ τὰς ἀφορμὰς δεδωκότος.

Dionysios von Mytilene ὁ Σκυτοβραχίων (um 100 v. Ch. vgl. Karl E. Hachtmann de Dionysio Mytilenaeo s. Scytobrachione. Bonn 1865) verfasste auszer mythendarstellungen ein mythologisches handbuch (κύκλος ἱστορικός), welches Diodor III, IV. zu grunde legte. seine schriften sind in den scholien zu Apollonios Rh. Argon. III 200 u. a. st. und bei Suidas irrtümlich Dionysios von Milet beigelegt.

Die περιήγησις οἰκουμένης (Müller geogr. gr. m. II 103) schrieb Dionysios Periegeta nicht vor 100 n. Ch.

§ 12. Charon von Lampsakos.

Müller FHG I xvi. 32.

Strab. XIII p. 589 ἐκ Λαμψάκου — Χάρων — ὁ σγγγραφεὺς (μνήμης ἄξιος). Paus. X 38, 11 Χάρων — ὁ Πύθεω — Λαμψακηνός.

Suidas: Χάρων Λαμψακηνός, υἱὸς Πυθοκλέους, γενόμενος κατὰ τὸν πρῶτον Δαρεῖον οθ' (ξθ' Creuzer, οβ' Gutschmid) ὀλυμπιάδι, μᾶλλον δὲ ἦν ἐπὶ τῶν Περσικῶν, κατὰ τὴν οε' ὀλυμπιάδα· ἱστορικός. ἔγραψεν Αἰθιοπικά, Περσικὰ ἐν βιβλίοις β', Ἑλληνικὰ ἐν βιβλίοις δ', περὶ Λαμψάκου β', Λιβυκά, ὥρους Λαμψακηνῶν ἐν βιβλίοις δ', πρυτάνεις ἢ ἄρχοντας

§ 12. τοὺς τῶν Λακεδαιμονίων *) (ἐστὶ δὲ χρονικά), κτίσεις πόλεων ἐν βιβλίοις β΄, Κρητικὰ ἐν βιβλίοις γ΄ (λέγει δὲ καὶ τοὺς ὑπὸ Μίνωος τεθέντας νόμους), περίπλουν τῶν ἐκτὸς τῶν Ἡρακλείων στηλῶν.

Mit sicherheit werden Charon zugeschrieben:

a) Περσικά 2 bb., bis auf seine zeit, verfaszt unter Artaxerxes (464—425), früher als Herodots geschichte. Dionys. schr. an Cn. Pompejus 3 p. 769. Tertullian. de anima 46. fr. 3 handelt von Mardonios' meerfahrt 492; fr. 5 von Themistokles' flucht zu den Persern.

b) ὧροι Λαμψακηνῶν oder einfach ὧροι in 4 bb. auf eben dieses hauptwerk Charons geht der titel Ἑλληνικὰ ἐν βιβλίοις δ΄ und andere anführungen.

Über andere horographen s. Dionys. o. s. 9 und dazu Müller FHG II 16—22. R. Stiehle Philol. VIII 395.

§ 13. Hippys von Rhegion.

Müller FHG II 12.

Suidas: Ἵππυς Ῥηγῖνος, ἱστορικός· γεγονὼς ἐπὶ τῶν Περσικῶν, καὶ πρῶτος ἔγραψε τὰς Σικελικὰς πράξεις (ἃς ὕστερον Μύης ἐπετέμετο), κτίσιν Ἰταλίας, Σικελικῶν βιβλία ε΄, χρονικὰ ἐν βιβλίοις ε΄, Ἀργολικῶν βιβλία γ΄.

Die Σικελικά (= χρονικά, ein abschnitt davon κτίσις Ἰταλίας) citiert Zenob. III 42 über die gründung von Sybaris u. d. t. Ἵππυς ἐν τῷ περὶ χρόνων.

§ 14. Akusilaos.

Müller FHG I xxxvi. 100.

Suidas: Ἀκουσίλαος Κάβα (Diog. L. I 41 Κάβα ἢ Σκάβρα) υἱός, Ἀργεῖος ἀπὸ Κερκάδος πόλεως οὔσης Αὐλίδος πλησίον, ἱστορικὸς πρεσβύτατος. ἔγραψε δὲ γενεαλογίας ἐκ δέλτων χαλκῶν, ἃς λόγος εὑρεῖν τὸν πατέρα αὐτοῦ ὀρύξαντά τινα τόπον τῆς οἰκίας αὐτοῦ (vgl. Suidas u. Ἑκαταῖος § 10).

Akusilaos von dem boeotischen Argos, der ebene süd-

---

*) ὧρους — Λακεδαιμονίων] ὧρους Λακεδαιμονίων ἐν βιβλίοις δ΄. πρυτάνεις (ἢ ἄρχοντας) τοὺς τῶν Λαμψακηνῶν Gutschmid philol. X 523ⁿ. ὧρους Λαμψακηνῶν ἐν βιβλίοις δ΄. πρυτάνεις ἢ ἄ. τ. τ. Λαμψακηνῶν. ὧρους Λακεδαιμονίων l. Brandis de temp. gr. ant. ration. p. 4ⁿ, ich lese ὧρους Λαμψακηνῶν ἐν β. δ΄, πρυτάνεις ἢ ἄρχοντας τοὺς τῶν Λαμψακηνῶν, vgl. Philol. xxvi 194.

lich von Aulis, priester der Artemis Κελκαία? vgl. Unger § 14.
Theb. paradoxa I 302. Hercher Suppl. d. Jhb. 1 278".
Von den Γενεαλογίαι (μυθικαί, von göttern und he-
roen) werden b. 1—3 citiert. einen commentar dazu schrieb
Sabinos in Hadrians zeit. Suid. Σαβῖνος.
Akusilaos nahm vielfach bezug auf Hesiod: Joseph. w.
Apion 1 3 p. 176 ὅσα μὲν Ἑλλάνικος Ἀκουσιλάῳ περὶ τῶν
γενεαλογιῶν διαπεφώνηκεν, ὅσα δὲ διορθοῦται τὸν Ἡσίοδον
Ἀκουσίλαος. vgl. Clem. Al. strom. VI 2 p. 752 P.

§ 15. Pherekydes von Leros.

Müller FHG I xxxiv. 70.

Suidas: Φερεκύδης Ἀθηναῖος (πρεσβύτερος τοῦ Συρίου,
ὃν λόγος τὰ Ὀρφέως συναγαγεῖν) ἔγραψεν Αὐτοχθόνας (ἔστι
δὲ περὶ τῆς Ἀττικῆς ἀρχαιολογίας) ἐν βιβλίοις ι΄, παραινέσεις
δι᾽ ἐπῶν. Πορφύριος δὲ τοῦ προτέρου [sc. τοῦ Συρίου]
οὐδένα δέχεται πρεσβύτερον, ἀλλ᾽ ἐκεῖνον μόνον ἡγεῖται
ἀρχηγὸν συγγραφῆς.

Φερεκύδης Λέριος, ἱστορικός, γεγονὼς πρὸ ὀλίγου τῆς
οε΄ ὀλυμπιάδος. περὶ Λέρου, περὶ Ἰφιγενείας. περὶ τῶν Διο-
νύσου ἑορτῶν, καὶ ἄλλα.

Diog. L. I 119 Ἐρατοσθένης — ἕνα μόνον (φησὶ γεγο-
νέναι Φερεκύδη Σύριον), καὶ ἕτερον Ἀθηναῖον γενεαλόγον.
Strab. X p. 487 Σῦρος — ἐξ ἧς Φερεκύδης ὁ Βάβυος ἦν·
νεώτερος δ᾽ ἐστὶν ὁ Ἀθηναῖος ἐκείνου.
Euseb. ol. 81, 3 (454): Φερεκύδης ὁ δεύτερος, ἱστοριο-
γράφος, ἐγνωρίζετο.
Dionys. Arch. I 13 p. 35 φέρε δὴ καὶ τὸ γένος οἷον ἦν
τὸ τῶν Οἰνωτρῶν ἀποδείξωμεν, ἕτερον ἄνδρα τῶν ἀρχαίων
συγγραφέων παρασχόμενοι μάρτυρα, Φερεκύδην τὸν Ἀθη-
ναῖον, γενεαλόγων οὐδενὸς δεύτερον κτέ.

Pherekydes von Leros, öfters verwechselt mit dem älte-
ren Ph. von Syros, schrieb zu Athen. sein hauptwerk:
ἱστορίαι in 10 bb. (θεογονία, αὐτοχθόνες, γενεαλογία).

§ 16. Hellanikos von Mytilene.

Fr. coll. F. Guil. Sturz. Lips. (1787) 1826. Müller FHG I xxiii. 45. IV
629. L. Preller de vita et scriptis Hellanici. Dorpat. 1840 4. in Pr.'s
ausgew. aufsätzen. Berlin 1864. s. 23.

Suidas: Ἑλλάνικος Μυτιληναῖος, ἱστορικός, υἱὸς Ἀνδρο-

§ 16. μένους, οἱ δὲ Ἀριστομένους, οἱ δὲ Σκάμωνος οὗ ὁμώνυμον
ἔσχεν υἱόν. διέτριψε δὲ Ἑλλάνικος σὺν Ἡροδότῳ παρὰ Ἀμύντᾳ
τῷ Μακεδόνων βασιλεῖ κατὰ τοὺς χρόνους Εὐριπίδου καὶ
Σοφοκλέους,
    καὶ Ἑκαταίῳ τῷ Μιλησίῳ ἐπέβαλε γεγονότι κατὰ τὰ
Περσικὰ καὶ μικρῷ πρός,
    ἐξέτεινε δὲ καὶ μέχρι τῶν Περδίκκου χρόνων, καὶ ἐτε-
λεύτησεν ἐν Περπερηνῇ τῇ καταντικρὺ Λέσβου. συνεγρά-
ψατο δὲ πλεῖστα πεζῶς τε καὶ ποιητικῶς.
    Steph. B. Παρπάρων, χωρίον ἐν Ἀσίᾳ Αἰολικόν, ἔνθα
ἱστοροῦσι Θουκυδίδην (imo Ἑλλάνικον Meineke) ἀποθανεῖν,
ὡς Ἀπολλόδωρος ἐν χρονικῶν δευτέρῳ. τινὲς δὲ Περπερη-
νὴν τοῦτο καλοῦσιν.

    Gell. XV 23 Hellanicus Herodotus Thucydides, historiae
scriptores, in isdem fere temporibus laude ingenti floruerunt et
non nimis longe distantibus fuerunt aetatibus. nam Hellanicus
initio belli Peloponnesiaci fuisse quinque et sexaginta annos natus
videtur, Herodotus tres et quinquaginta, Thucydides quadraginta.
scriptum est hoc in libro undecimo Pamphilae (zur zeit Neros).

    [Lukian.] Makrob. 22 Ἑλλάνικος ὁ Λέσβιος π' καὶ ε'
(ἔτη ἔζησεν)·

    Leb. d. Eurip. (Westerm. βιογρ. p. 134, 17) γεννηθῆ-
ναι δὲ τῇ αὐτῇ ἡμέρᾳ (wie Euripides) καὶ Ἑλλάνικου, ἐν ᾗ
ἐνίκων τὴν περὶ Σαλαμῖνα ναυμαχίαν οἱ Ἕλληνες.

    Euseb. ol. 70, 1 (500) Ἑλλάνικος ἱστορικὸς ἐγνωρίζετο.
Hellanikos schrieb Περσικά früher als Herodot: (Dionys.
schreiben an Cn. Pompejus 3 p. 769 τῶν πρὸ αὐτοῦ συγγρα-
φέων γενομένων Ἑλλανίκου τε καὶ Χάρωνος τὴν αὐτὴν ὑπό-
θεσιν προεκδεδωκότων), die Ἀτθίς früher als Thukydides. er
bearbeitete localgeschichten, aber nicht blosz von éiner land-
schaft, stellte gleichzeitigkeiten her und ergänzte die ge-
schlechterfolge.

    Dionys. π. τ. Θουκυδ. χαρ. 6 p. 821 Θουκυδίδης οὔτ'
ἐφ' ἑνὸς ἐβουλήθη τόπου καθιδρύσαι τὴν ἱστορίαν, ὡς οἱ
περὶ τὸν Ἑλλάνικον ἐποίησαν —. 9 p. 826 οὔτε γὰρ τοῖς
τόποις ἐν οἷς αἱ πράξεις ἐπετελέσθησαν ἀκολουθῶν ἐμέρισε
τὰς διηγήσεις, ὡς Ἡρόδοτός τε καὶ Ἑλλάνικος καὶ ἄλλοι τι-
νες τῶν πρὸ αὐτοῦ συγγραφέων ἐποίησαν, οὔτε τοῖς χρόνοις,
ὡς οἱ τὴν τοπικὴν ἐκδόντες ἱστορίαν προείλοντο.

Schriften von Hellanikos: § 16.

1) genealogische.

Φορωνίς 2 bb. *Δευκαλιωνεία* 2 bb. *'Ατλαντιάς*
2 bb. *Τρωικά* 2 bb.

2) chorographische und chronologische.

Αίολικά (Λεσβιακά) 2 bb. *Περσικά* 2 bb. *Καρ-
νεονῖκαι. Ἱέρειαι (αἱ ἐν "Αργει, "Ηρας)* 3 bb. *'Ατ-
θίς* 5 bb.

Zweifelhaft: *νόμιμα βαρβαρικά*, zu denen *Αἰγυπτιακά*
gehörten. vgl. Gutschmid philol. X 538.

Über die *Ἱέρειαι* vgl. Dionys. II. archaeol. I 22 p. 57
(fr. 53) *τὸ μὲν δὴ Σικελικὸν γένος οὕτως ἐξέλιπεν Ἰταλίαν,
ὡς μὲν Ἑλλάνικος ὁ Λέσβιός φησι. τρίτῃ γενεᾷ πρότερον
τῶν Τρωικῶν, Ἀλκυόνης ἱερωμένης ἐν "Αργει κατὰ τὸ ἑκτὸν
καὶ εἰκοστὸν ἔτος*. c. 72 p. 181 *ὁ δὲ τὰς ἱερείας τὰς ἐν
"Αργει καὶ τὰ καθ' ἑκάστην πραχθέντα συναγαγὼν Αἰνείαν
φησὶν ἐκ Μολοττῶν εἰς Ἰταλίαν ἐλθόντα μετ' Ὀδυσσέως οἰ-
κιστὴν γενέσθαι τῆς πόλεως, ὀνομάσαι δ' αὐτὴν ἀπὸ μιᾶς
τῶν Ἰλιάδων Ῥώμης* κτέ.

Über die *'Ατθίς* s. I. Brandis de tempor. gr. antiqu.
rat. p. 7 — 20. die alte überlieferung (vgl. Iliad. II 547.
Herodot. I 173. VIII 44) kennt vor Theseus vier könige:

I. Kekrops.
    |
II. Erechtheus (= Erichthonios).
    |
III. Pandion.
    |
IV. Aegeus.

Hellanikos stellte die geschlechterfolge und die königs-
reihe folgendermaszen her:

§ 16.

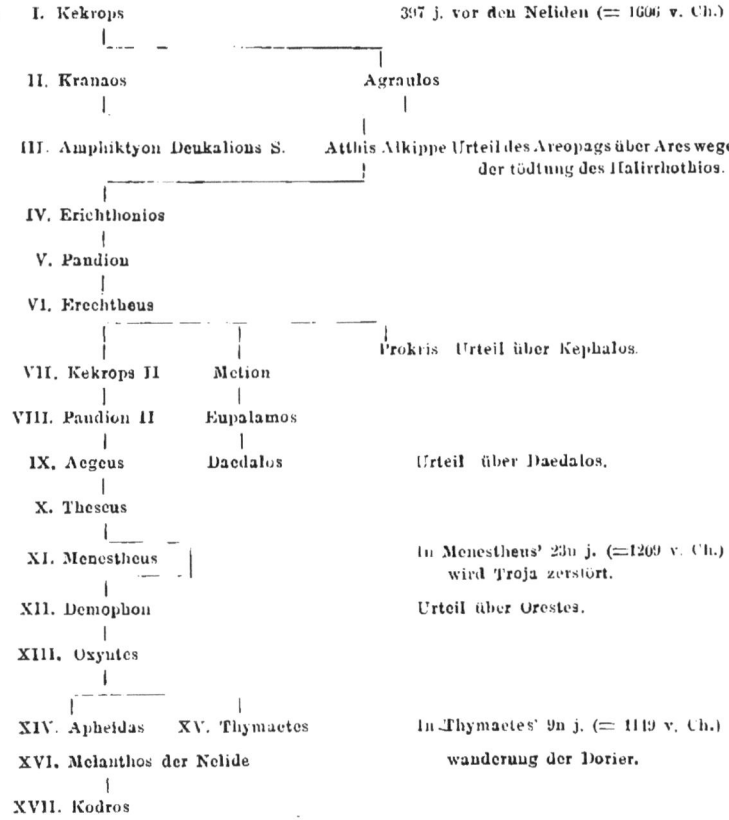

I. Kekrops — 397 j. vor den Neliden (= 1606 v. Ch.)

II. Kranaos — Agraulos

III. Amphiktyon Deukalions S. — Atthis Alkippe Urteil des Areopags über Ares wegen der tödtung des Halirrhothios.

IV. Erichthonios

V. Pandion

VI. Erechtheus

VII. Kekrops II — Metion — Prokris Urteil über Kephalos.

VIII. Pandion II — Eupalamos

IX. Aegeus — Daedalos — Urteil über Daedalos.

X. Theseus

XI. Menestheus — In Menestheus' 23n j. (=1209 v. Ch.) wird Troja zerstört.

XII. Demophon — Urteil über Orestes.

XIII. Oxyntes

XIV. Apheidas — XV. Thymaetes — In Thymaetes' 9n j. (= 1149 v. Ch.) wanderung der Dorier.

XVI. Melanthos der Nelide

XVII. Kodros

Seit 1149 v. Ch. stehen die Neliden als könige und als lebenslängliche archonten 397 jahre an der spitze Athens. die gleiche zahl von jahren wird den eilf königen Kekrops bis Menestheus zugeschrieben (also Kekrops = 1606 v. Ch.). dieses attische system der chronologie blieb in geltung bis auf Eratosthenes.

Ferner setzte Hellanikos Ogygos in Attika = Phoroneus in Argos 189 jahre vor Kekrops (= 1795 v. Ch.) und reihte die erforderlichen königsnamen (Μούνυχος. Περίφας. Κόλαινος. Πορφυρίων. Ἀκταῖος) zwischen Ogygos und Kekrops ein.

Hell. fr. 62 (= Philoch. fr. 8 — τὸν γὰρ μετὰ Ὤγυγον Ἀκταῖον ἢ τὰ πλασσόμενα τῶν ὀνομάτων οὐδὲ γενέσθαι φησὶ Φιλόχορος). 71.

Zur beurteilung: Thuk. I 97 (von den begebenheiten

zwischen dem persischen und peloponnesischen kriege) τού- § 16.
των δ᾽ ὅσπερ καὶ ἥψατο ἐν τῇ Ἀττικῇ ξυγγραφῇ Ἑλλάνικος
βραχέως τε καὶ τοῖς χρόνοις οὐκ ἀκριβῶς ἐπεμνήσθη. Joseph.
w. Apion 1 3 p. 176 Ἔφορος — Ἑλλάνικον ἐν τοῖς πλείστοις
ψευδόμενον ἐπιδείκνυσιν. vgl. Strab. VIII p. 366. IX p. 426.
X p. 451 Ἑλλάνικος δ᾽ οὐδὲ τὴν περὶ ταύτας (Ὤλενον καὶ
Πυλήνην πόλεις Αἰτωλικὰς) ἱστορίαν οἶδεν, ἀλλ᾽ ὡς ἔτι καὶ
αὐτῶν οὐσῶν ἐν τῇ ἀρχαίᾳ καταστάσει μέμνηται, τὰς δ᾽ ὕστε-
ρον καὶ τῆς τῶν Ἡρακλειδῶν καθόδου κτισθείσας Μακυνίαν
καὶ Μολύκρειαν ἐν ταῖς ἀρχαίαις καταλέγει, πλείστην εὐχέ-
ρειαν ἐπιδεικνύμενος ἐν πάσῃ σχεδόν τι τῇ γραφῇ.

Um dieselbe zeit wie die attische königsliste wurde auch
die spartanische von Eurysthenes und Prokles herab zeit-
gemäsz redigiert.

II. Von Herodots geschichtschreibung bis zur begründung der makedonischen macht durch Philipp II.

1. Geschichtschreiber.

§ 17. Herodotos von Halikarnass.

F. C. Dahlmann Herodot. aus seinem buche sein leben (forschungen
auf dem gebiete der geschichte II 1). Altona 1823. K. Wilh. Ludw.
Heyse de Herodoti vita et itineribus. Berol. 1826. Ad. Schöll
philol. VIIII 193. X 25. 410. Ad. Kirchhoff üb. die abfassungszeit
des Herodotischen geschichtswerkes. abh. d. Berliner ak. v. 1868
p. 1. nachträgl. bemerkungen. 1871 p. 47. — ausgaben von Wes-
seling Amstelod. 1763 fol. Io. Schweighäuser. VI tomi. Argentor.
1816. Fr. Creuzer und J. C. F. Bähr 4 voll. (1830 — 35) ed. II. Lips.
1856 — 61. H. Stein 5 bde. 2e. aufl. Berl. (1856 — 62) 1864 ff.'

Cic. de legg. 1 1, 5 apud Herodotum patrem historiae.

Dionys. H. π. τ. Θουκ. χ. 5 p. 820 ὁ δ᾽ Ἁλικαρνασσεὺς
Ἡρόδοτος, γενόμενος ὀλίγῳ πρότερον τῶν Περσικῶν, παρεκ-
τείνας δὲ μέχρι τῶν Πελοποννησιακῶν, τήν τε πραγματικὴν
προαίρεσιν ἐπὶ τὸ μεῖζον ἐξήνεγκε καὶ λαμπρότερον, οὔτε
πόλεως μιᾶς οὔτ᾽ ἔθνους ἑνὸς ἱστορίαν προελόμενος ἀναγρά-
ψαι, πολλὰς δὲ καὶ διαφόρους πράξεις ἔκ τε τῆς Εὐρώπης

2*

§ 17. ἔκ τε τῆς Ἀσίας ἐς μιᾶς περιγραφὴν πραγματείας ἀγαγεῖν. ἀρξάμενος γοῦν ἀπὸ τῆς τῶν Λυδῶν δυναστείας μέχρι τοῦ Περσικοῦ πολέμου κατεβίβασε τὴν ἱστορίαν, πάσας τὰς ἐν τοῖς τεσσαράκοντα καὶ διακοσίοις ἔτεσι (ep. ad Cn. Pompeium 3, 15 p. 774 ἔτεσιν ὁμοῦ διακοσίοις καὶ εἴκοσι) γενομένας πράξεις ἐπιφανεῖς Ἑλλήνων τε καὶ βαρβάρων μιᾷ συντάξει περιλαβών. καὶ τῇ λέξει προσεπέδωκε τὰς παραλειφθείσας ὑπὸ τῶν πρὸ αὐτοῦ συγγραφέων ἀρετάς. s. o. s. 9.

Suidas: Ἡρόδοτος Λύξου καὶ Δρυοῦς, Ἁλικαρνασσεὺς τῶν ἐπιφανῶν, καὶ ἀδελφὸν ἐσχηκὼς Θεόδωρον. μετέστη δ' ἐν Σάμῳ διὰ Λύγδαμιν τὸν ἀπὸ Ἀρτεμισίας τρίτον τύραννον γενόμενον Ἁλικαρνασσοῦ· Πισίνδηλις γὰρ ἦν υἱὸς Ἀρτεμισίας, τοῦ δὲ Πισινδήλιδος Λύγδαμις. ἐν οὖν τῇ Σάμῳ καὶ τὴν Ἰάδα ἠσκήθη διάλεκτον, καὶ ἔγραψεν ἱστορίαν ἐν βιβλίοις θ', ἀρξάμενος ἀπὸ Κύρου τοῦ Πέρσου καὶ Κανδαύλου τοῦ Λυδῶν βασιλέως. ἐλθὼν δὲ εἰς Ἁλικαρνασσὸν καὶ τὸν τύραννον ἐξελάσας, ἐπειδὴ ὕστερον εἶδεν ἑαυτὸν φθονούμενον ὑπὸ τῶν πολιτῶν, εἰς τὸ Θούριον ἀποικιζόμενον ὑπὸ Ἀθηναίων ἐθελοντὴς ἦλθε, κἀκεῖ τελευτήσας ἐπὶ τῆς ἀγορᾶς τέθαπται. τινὲς δὲ ἐν Πέλλῃ αὐτὸν τελευτῆσαί φασιν. ἐπιγράφονται δὲ οἱ λόγοι αὐτοῦ Μοῦσαι.

Suidas: Πανύασις Πολυάρχου Ἁλικαρνασσεύς, τερατοσκόπος καὶ ποιητὴς ἐπῶν, ὃς σβεσθεῖσαν τὴν ποιητικὴν ἐπανήγαγεν. Δοῦρις δὲ Διοκλέους τε παῖδα ἀνέγραψε καὶ Σάμιον, ὁμοίως δὲ καὶ Ἡρόδοτον Θούριον. ἱστόρηται δὲ Πανύασις Ἡροδότου τοῦ ἱστορικοῦ ἐξάδελφος· γέγονε γὰρ Πανύασις Πολυάρχου, ὁ δὲ Ἡρόδοτος Λύξου τοῦ Πολυάρχου ἀδελφοῦ. τινὲς δὲ οὐ Λύξην, ἀλλὰ Ῥοιὼ (l. ἀλλὰ Δρυῶ) τὴν μητέρα Ἡροδότου Παννάσιδος ἀδελφὴν ἱστόρησαν. ὁ δὲ Πανύασις γέγονε κατὰ τὴν οη' ὀλυμπιάδα (468 v. Ch.), κατὰ δέ τινας πολλῷ πρεσβύτερος· καὶ γὰρ ἦν ἐπὶ τῶν Περσικῶν. ἀνῃρέθη δὲ ὑπὸ Λυγδάμιδος τοῦ τρίτου τυραννήσαντος Ἁλικαρνασσοῦ. ἐν δὲ ποιηταῖς τάττεται μεθ' Ὅμηρον, κατὰ δέ τινας καὶ μεθ' Ἡσίοδον καὶ Ἀντίμαχον. ἔγραψε δὲ καὶ Ἡρακλειάδα ἐν βιβλίοις ιδ' εἰς ἔπη θ, Ἰωνικὰ ἐν πενταμέτρῳ (ἔστι δὲ τὰ περὶ Κόδρον καὶ Νηλέα καὶ τὰς Ἰωνικὰς ἀποικίας) εἰς ἔπη ζ.

Suid. u. Ἑλλάνικος und Pamphile bei Gellius XV 23 s. § 16.

Urkunde eines vertrags zwischen Lygdamis und der

bürgerschaft von Halikarnass über die wiedereinsetzung der § 17. verbannten, in ionischer mundart, cᵃ ol. 81. 456. s. C. F. Newton a history of discoveries at Halicarnassus, Cnidus, and Branchidae. London 1862 s. vol I t. LXXXV. vol. II p. 671. Sauppe Götting. Nachr. 1863 s. 303. Kirchhoff gesch. d. gr. alphab. s. 4.

Attische colonie zu Thurii ol. 84, 1. 444/3. Dionys. Lys. 1 p. 453. vit. X orat. p. 835ᶜᵈ.

Strab. XIIII p. 656 ἄνδρες δὲ γεγόνασιν ἐξ αὐτῆς ('Αλικαρνασσοῦ) Ἡρόδοτός τε ὁ συγγραφεύς, ὃν ὕστερον Θούριον ἐκάλεσαν διὰ τὸ κοινωνῆσαι τῆς εἰς Θουρίους ἀποικίας —. Plin. NH. XII 18 tanta ebori auctoritas erat urbis nostrae cccx. anno; tunc enim auctor ille (Herodotus) historiam eam condidit Thuriis in Italia. vgl. Aristot. rhet. III 9 p. 1409ᵃ Ἡροδότου Θουρίου ἥδ᾽ ἱστορίης ἀπόδεξις.

Steph. Byz. u. Θούριοι (p. 315, 18 M.; Tzetz. in Cramer. An. Ox. III p. 350) λέγεται — καὶ Θούριον, ὡς ἐν τῷ Ἡροδότου ἐπιγράμματι

Ἡρόδοτον Λύξεω κρύπτει κόνις ἥδε θανόντα
Ἰάδος ἀρχαίης ἱστορίης πρύτανιν,
Δωρίδος ἐκ πάτρης βλαστόντ᾽ ἄπο· τῶν γὰρ ἄτλητον
(ἀστῶν γὰρ ἄτλητον sive malis ἄπλητον Meincke)
μῶμον ὑπεκπροφυγὼν Θούριον ἔσχε πάτρην.

Herodot schrieb an seiner geschichte noch um das ende des j. 428 v. Ch. Er war nach dem kriege des Inaros gegen die Perser (also nach 454) in Aegypten III 12. sah die Propyläen (vollendet 431) V 77. und erlebte die ersten jahre des peloponnesischen kriegs. vgl. VI 98 ἐπὶ γὰρ Δαρείου τοῦ Ὑστάσπεος καὶ Ξέρξεω τοῦ Δαρείου καὶ Ἀρταξέρξεω τοῦ Ξέρξεω, τριῶν τούτων ἐπεξῆς γενεέων, ἐγένετο πλέω κακὰ τῇ Ἑλλάδι ἢ ἐπὶ εἴκοσι ἄλλας γενεὰς τὰς πρὸ Δαρείου γενομένας, τὰ μὲν ἀπὸ τῶν Περσέων αὐτῇ γενόμενα, τὰ δὲ ἀπ᾽ αὐτῶν τῶν κορυφαίων περὶ τῆς ἀρχῆς πολεμεόντων. Artaxerxes † 425/4. Andere vorgreifende beziehungen s. Schöll Philol. VIIII 196. Kirchhoff s. 24.

Vorlesungen Herodots:

Eine vorlesung zu Olympia beschreibt Lukians dichtung Ἡρόδοτος ἢ Ἀετίων; vgl. das sprichwort εἰς τὴν Ἡροδότου σκιάν. Corp. paroemiogr. Gr. ed. Leutsch et Schneidewin. Gott. 1839. I. app. cent. 2, 35. Suid. u. Θουκυδίδης.

§ 17.   Zu Korinth: [Dion Chrysost.] Korinth. p. 456 M. ἧκε δὲ καὶ Ἡρόδοτος ὁ λογοποιὸς ὡς ὑμᾶς λόγους φέρων Ἑλληνικοὺς ἄλλους τε καὶ Κορινθίους οὐδέπω ψευδεῖς, ἀνθ᾽ ὧν ἠξίου παρὰ τῆς πόλεως μισθὸν ἄρνυσθαι. διαμαρτὼν δὲ καὶ τούτου, οὐ γὰρ ἠξίουν οἱ ὑμέτεροι πρόγονοι δόξαν ἀγοράξειν, μετεσκεύασεν ἐκεῖνα ἃ πάντες ἐπιστάμεθα, τὰ περὶ τὴν Σαλαμῖνα καὶ τὸν Ἀδείμαντον. vgl. Marcellin. l. d. Thuk. α § 27 Ἡρόδοτος — ὑπεροφθεὶς ὑπὸ Κορινθίων ἀποδρᾶναί φησιν αὐτοὺς τὴν ἐν Σαλαμῖνι ναυμαχίαν, und über Theben Plutarch. de Herod. mal. 31 p. 864ᵈ. (Müller FHG IV 338, 4) Ἀριστοφάνους δὲ τοῦ Βοιωτοῦ γράψαντος ὅτι χρήματα μὲν αἰτήσας οὐκ ἔλαβε παρὰ Θηβαίων κτέ.

Zu Athen: Euseb. ol. 83, 4 (445): Ἡρόδοτος ἱστορικὸς ἐτιμήθη παρὰ τῆς Ἀθηναίων βουλῆς ἐπαναγνοὺς αὐτοῖς τὰς βίβλους. Scaliger animadvers. p. 104. Plut. a. a. O. c. 26 p. 862ᵃᵇ τὴν διαβολὴν ἣν ἔχει κολακεῦσαι τοὺς Ἀθηναίους ἀργύριον πολὺ λαβὼν παρ᾽ αὐτῶν. εἰ γὰρ ἀνέγνω ταῦτ᾽ Ἀθηναίοις κτέ. — ὅτι μέντοι δέκα τάλαντα δωρεὰν ἔλαβεν ἐξ Ἀθηνῶν Ἀνύτου τὸ ψήφισμα γράψαντος ἀνὴρ Ἀθηναῖος οὐ τῶν παρημελημένων ἐν ἱστορίᾳ Δίυλλος εἴρηκεν (§ 40). Im hause des Oloros: Phot. bibl. 60 p. 19ᵇ Bk. λέγεται δὲ ἀναγινωσκομένης αὐτῷ τῆς ἱστορίας κομιδῇ νέον ὄντα παρὰ τῷ πατρὶ Θουκυδίδην ἀκοῦσαι καὶ δακρῦσαι· τὸν δὲ Ἡρόδοτον ἀποφήνασθαι ὡς εἴη ὁ παῖς, ὦ Ὄλορε, ὁ σὸς ὀργῶσαν ἔχων τὴν φύσιν πρὸς μαθήματα. Marcellin. l. d. Thuk. γ § 54. Suid u. ὀργᾶν u. Θουκυδίδης.

Herodots procoemion: Ἡροδότου Ἁλικαρνησσέος ἱστορίης ἀπόδεξις ἥδε, ὡς μήτε τὰ γενόμενα ἐξ ἀνθρώπων τῷ χρόνῳ ἐξίτηλα γένηται, μήτε ἔργα μεγάλα τε καὶ θωυμαστά, τὰ μὲν Ἕλλησι τὰ δὲ βαρβάροισι ἀποδεχθέντα, ἀκλεέα γένηται, τά τε ἄλλα καὶ δι᾽ ἣν αἰτίην ἐπολέμησαν ἀλλήλοισι. Darüber fabelte Ptolemaeus Chennos (Phot. bibl. 190 p. 148ʰ) ὡς Πλησίρροος ὁ Θεσσαλὸς ὁ ὑμνογράφος, ἐρώμενος γεγονὸς Ἡροδότου καὶ κληρονόμος τῶν αὐτοῦ, οὗτος ποιήσειε τὸ προοίμιον τῆς πρώτης ἱστορίας Ἡροδότου Ἁλικαρνασσέως· τὴν γὰρ κατὰ φύσιν εἶναι τῶν Ἡροδότου ἱστοριῶν ἀρχὴν "Περσέων οἱ λόγιοι Φοίνικας αἰτίους γενέσθαι φασί τῆς διαφορῆς". s. R. Hercher über die glaubwürdigkeit der neuen geschichte des Ptolemaeus Chennus. Leipzig 1856 (suppl. d. jhb. f. phil. I). O. Nitzsch de procoemio Herodoteo. Gryphisv. 1860. 4. Kirchhoff s. 2.

Schlusz des werkes mit der einnahme von Sestos im

frühjahr ol. 75, 2. 478. IX 121 καὶ κατὰ τὸ ἔτος τοῦτο οὐ- § 17.
δὲν ἔτι πλέον τούτων ἐγένετο.

Einteilung (Lukian, Herod. 1 bei der vorlesung zu
Olympia κηλῶν τοὺς παρόντας ἄχρι τοῦ καὶ Μούσας κληθῆ-
ναι τὰς βίβλους αὐτοῦ, ἐννέα καὶ αὐτὰς οὔσας. de conscrib.
hist. c. 42): Herod. V 36 von den schätzen des Branchidentem-
pels ὡς δεδήλωταί μοι ἐν τῷ πρώτῳ τῶν λόγων = I 92,

VII 93 οὗτοι δὲ (Κᾶρες) οἵτινες πρότερον ἐκαλέοντο,
ἐν τοῖσι πρώτοισι τῶν λόγων εἴρηται = I 171.

I 75 τοῦτον δὴ ὦν τὸν Ἀστυάγεα Κῦρος — καταστρε-
ψάμενος ἔσχε δι' αἰτίην, τὴν ἐγὼ ἐν τοῖσι ὀπίσω λόγοισι ση-
μανέω = I 107 sqq.

II 161 ἀπὸ προφάσιος τὴν ἐγὼ μεξόνως μὲν ἐν τοῖσι
Λιβυκοῖσι λόγοισι ἀπηγήσομαι = IV 159.

Auf spätere abschnitte verweist Herodot auch I 106 καὶ
τήν τε Νῖνον εἷλον (Μῆδοι)· ὡς δὲ εἷλον, ἐν ἑτέροισι λό-
γοισι δηλώσω. c. 184 τῆς δὲ Βαβυλῶνος ταύτης πολλοὶ μέν
κου καὶ ἄλλοι ἐγένοντο βασιλέες, τῶν ἐν τοῖσι Ἀσσυρίοισι
λόγοισι μνήμην ποιήσομαι (vgl. hist. zeitschr. XXIII 426).
VII 213 Ephialtes ward später getödtet δι' ἄλλην αἰτίην,
τὴν ἐγὼ ἐν τοῖσι ὄπισθε λόγοισι σημανέω.

. Herodot wird der parteilichkeit beschuldigt in Plutarchs
schrift περὶ τῆς Ἡροδότου κακοηθείας (Moral. p. 854—874).
vgl. Gust. Lahmeyer *de libelli Plutarchei, qui de malignitate
Herodoti inscribitur, et auctoritate et auctore.* Gotting. 1848. 4.

Herodots darstellungsweise: Athen. III p. 78ᵉ ὁ δὲ θαυ-
μασιώτατος καὶ μελίγηρυς Ἡρόδοτος. Cic. orat. 12, 39 *quo
magis sunt Herodotus Thucydidesque mirabiles —. alter enim
sine ullis salebris quasi sedatus amnis fluit, alter incitatior fertur
et de bellicis rebus canit etiam quodam modo bellicum: primisque
ab his, ut ait Theophrastus, historia commota est, ut auderet
uberius quam superiores et ornatius dicere.* Quintil. X 1, 73
*historiam multi scripsere praeclare, sed nemo dubitat longe duos
ceteris praeferendos, quorum diversa virtus laudem paene est
parem consecuta. densus et brevis et semper instans sibi Thu-
cydides, dulcis et candidus et fusus Herodotus: ille concitatis
hic remissis affectibus melior, ille contionibus hic sermonibus,
ille vi hic voluptate.* Dionys. schr. an Cn. Pompej. 3
p. 776 sq.— Θουκυδίδης μὲν γὰρ τὰ πάθη δηλῶσαι κρείττων,
Ἡρόδοτος δὲ τά γ' ἤθη παραστῆσαι δεινότερος — — ἵνα δὲ

§ 18. συνελὼν εἴπω, καλαὶ μὲν αἱ ποιήσεις ἀμφότεραι· οὐ γὰρ ἂν αἰσχυνθείην ποιήσεις αὐτὰς λέγων· διαφέρουσι δὲ κατὰ τοῦτο μάλιστ' ἀλλήλων, ὅτι τὸ μὲν Ἡροδότου κάλλος ἱλαρόν ἐστι, φοβερὸν δὲ τὸ Θουκυδίδου. vgl. o. s. 19 f.

§ 18. Antiochos von Syrakus.

Müller FHG I xlv. 181. Ed. Wölfflin, Antiochos v. Syrakus (u. Coelius Antipater). Winterthur 1872.

Diod. XII 71. ol. 89, 1. 424. τῶν δὲ συγγραφέων Ἀντίοχος ὁ Συρακόσιος τὴν τῶν Σικελικῶν ἱστορίαν εἰς τοῦτον τὸν ἐνιαυτὸν κατέστρεψεν, ἀρξάμενος ἀπὸ Κωκάλου τοῦ Σικανῶν βασιλέως, ἐν βίβλοις ἐννέα.

Paus. X 11, 3 Ἀντίοχος ὁ Ξενοφάνους Συρακούσιος ἐν τῇ Σικελιώτιδι συγγραφῇ.

Strab. VI p. 254 Ἀντίοχος ἐν τῷ περὶ τῆς Ἰταλίας συγγράμματι.

Dionys. archaeol. I 12 p. 34 Ἀντίοχος δὲ ὁ Συρακούσιος, συγγραφεὺς πάνυ ἀρχαῖος. ἐν Ἰταλίας οἰκισμῷ τοὺς παλαιοτάτους οἰκήτορας διεξιών, ὡς ἕκαστοί τι μέρος αὐτῆς κατεῖχον, Οἰνώτρους λέγει πρώτους τῶν μνημονευομένων ἐν αὐτῇ κατοικῆσαι, εἰπὼν ὧδε· Ἀντίοχος Ξενοφάνεος τάδε συνέγραψε περὶ Ἰταλίης ἐκ τῶν ἀρχαίων λόγων τὰ πιστότατα καὶ σαφέστατα· τὴν γῆν ταύτην, ἥτις νῦν Ἰταλία καλεῖται, τὸ παλαιὸν εἶχον Οἰνωτροι.' ἔπειτα διεξελθὼν ὃν τρόπον ἐπολιτεύοντο. καὶ ὡς βασιλεὺς ἐν αὐτοῖς Ἰταλὸς ἀνὰ χρόνον ἐγένετο, ἀφ' οὗ μετωνομάσθησαν Ἰταλοί, τούτου δὲ τὴν ἀρχὴν Μόργης διεδέξατο, ἀφ' οὗ Μόργητες ἐκλήθησαν, καὶ ὡς Σικελὸς ἐπιξενωθεὶς Μόργητι ἰδίαν πράττων ἀρχὴν διέστησε τὸ ἔθνος, ἐπιφέρει ταυτί· 'οὕτω δὲ Σικελοὶ καὶ Μόργητες ἐγένοντο καὶ Ἰταλίητες, ἐόντες Οἴνωτροι.' c. 73 p. 185 s.—ταῦτα δὲ οὐ τῶν ἐπιτυχόντων τις οὐδὲ νέων συγγραφεὺς ἱστόρηται. ἀλλ' Ἀντίοχος ὁ Συρακούσιος—. φησὶ δὲ Μόργητος ἐν Ἰταλίᾳ βασιλεύοντος (ἦν δὲ τότε Ἰταλία ἡ ἀπὸ Τάραντος ἄχρι Ποσειδωνίας παράλιος) ἐλθεῖν ὡς αὐτὸν ἄνδρα φυγάδα ἐκ Ῥώμης. λέγει δὲ ὧδε· 'ἐπεὶ δὲ Ἰταλὸς κατεγήρα Μόργης ἐβασίλευσεν. ἐπὶ τούτου δὲ ἀνὴρ ἀφίκετο ἐκ Ῥώμης φυγάς· Σικελὸς ὄνομα αὐτῷ'. vgl. Aristot. pol. VII 9, 2 (p. 1329) φασὶ γὰρ οἱ λόγιοι τῶν ἐκεῖ κατοικούντων Ἰταλόν τινα γενέσθαι βασιλέα τῆς Οἰνωτρίας, ἀφ' οὗ τό τε ὄνομα μεταβαλόντας Ἰταλοὺς ἀντ' Οἰνωτρῶν καλεῖσθαι κτέ. Auch Thukydides scheint aus Antiochos geschöpft zu haben.

§ 19. Thukydides von Athen.

K. W. Krüger untersuchungen über das leben des Thukydides (1832).
epikritischer nachtrag (1839) in Krügers krit. Analecten I 1863.
W. Roscher Klio. 1. leben, werke und zeitalter des Thukydides.
Gött. 1842. Franz Wolfg. Ullrich beiträge etc. Hamburg 1846. 50.
51. 52. 62. Jul. Steup quaestiones Thucydideae. Bonn. 1868.
Ausgaben (mit den scholien) von Car. Andr. Duker. Amstel. 1731 fol.
I. Bekker IV Voll. Oxon 1821 (III Voll. Berol. 1821). Ernst Fr.
Poppo. IV Ptes in 11 voll. Lips. 1821 sqq. mit erklär. anmerk. (ohne
scholien) von Krüger (1846) n. aufl. Berlin 1858 ff. Classen 1862 ff.
Dionysios von Halikarnass ἐπιστολὴ πρὸς Γναῖον Πομπήιον. περὶ τοῦ
Θουκυδίδου χαρακτῆρος καὶ τῶν λοιπῶν τοῦ συγγραφέως ἰδιωμά-
των. ἐπιστολὴ πρὸς Ἀμμαῖον δευτέρα περὶ τῶν Θουκυδίδου ἰδιω-
μάτων. V 750 — 808 R. Dionysii historiographica ed. Car. Guil.
Krüger. Subjectae sunt ej. comment. crit. et historicae de Thucy-
didis historiarum parte postrema. Hal. S. 1823.
Μαρκελλίνου περὶ τοῦ Θουκυδίδου βίου καὶ τῆς ἰδέας αὐτοῦ (Wester-
mann βιογρ. p. 186) aus wenigstens drei verschiedenen aufsätzen
zusammengesetzt. vgl. Fz. Ritter n. rh. mus. III 321. 1845.—Anon.
biogr. (Westermann p. 200).

Suidas: Θουκυδίδης Ὀλόρου Ἀθηναῖος, παῖδα δὲ ἔσχε
Τιμόθεον. ἦν δὲ ἀπὸ μὲν πατρὸς Μιλτιάδου τοῦ στρατηγοῦ
τὸ γένος ἕλκων, ἀπὸ δὲ μητρὸς Ὀλόρου τοῦ Θρακῶν βασι-
λέως· μαθητὴς Ἀντιφῶντος. ἤκμαζε κατὰ τὴν πζ ὀλυμπιάδα,
ἔγραψε δὲ τὸν πόλεμον τῶν Πελοποννησίων καὶ Ἀθη-
ναίων. —

Plutarch. Kimon 4 Κίμων ὁ Μιλτιάδου μητρὸς ἦν Ἡγη-
σιπύλης, γένος Θρᾴττης, θυγατρὸς Ὀλόρου τοῦ βασιλέως —.
διὸ καὶ Θουκυδίδης ὁ ἱστορικὸς τοῖς περὶ Κίμωνα κατὰ γέ-
νος προσήκων Ὀλόρου τε πατρὸς ἦν εἰς τὸν πρόγονον ἀνα-
φέροντος τὴν ὁμωνυμίαν καὶ τὰ χρυσεῖα περὶ τὴν Θρᾴκην
ἐκέκτητο. καὶ τελευτῆσαι μὲν ἐν τῇ Σκαπτῇ ὕλῃ (τοῦτο δ'
ἔστι τῆς Θρᾴκης χωρίον) λέγεται φονευθεὶς ἐκεῖ, μνῆμα δ'
αὐτοῦ τῶν λειψάνων εἰς τὴν Ἀττικὴν κομισθέντων ἐν τοῖς
Κιμωνείοις δείκνυται παρὰ τὸν Ἐλπινίκης τῆς Κίμωνος ἀδελ-
φῆς τάφον. ἀλλὰ Θουκυδίδης μὲν Ἁλιμούσιος γέγονε τῶν
δήμων, οἱ δὲ περὶ τὸν Μιλτιάδην Λακιάδαι.

Über die verwandtschaft mit Miltiades und Oloros vgl.
Marcellin. α § 2. 10—19. anon. § 1. über sein geburtsjahr
Marc. § 34 παύσασθαι δὲ τὸν βίον ὑπὲρ τὰ πεντήκοντα ἔτη,
μὴ πληρώσαντα τῆς συγγραφῆς τὴν προθεσμίαν. Pamphile
s. o. § 16.

§ 19.   Thuk. 1 1 Θουκυδίδης Ἀθηναῖος ξυνέγραψε τὸν πόλε
μον τῶν Πελοποννησίων καὶ Ἀθηναίων ὡς ἐπολέμησαν πρὸς
ἀλλήλους, ἀρξάμενος εὐθὺς καθισταμένου καὶ ἐλπίσας μέγαν
τε ἔσεσθαι καὶ ἀξιολογώτατον τῶν προγεγενημένων. V 24,
2 ταῦτα δὲ τὰ δέκα ἔτη ὁ πρῶτος πόλεμος ξυνεχῶς γενόμε
νος γέγραπται. 26 von den begebenheiten nach dem frieden
des Nikias: γέγραφε δὲ καὶ ταῦτα ὁ αὐτὸς Θουκυδίδης
Ἀθηναῖος ἑξῆς, ὡς ἕκαστα ἐγένετο, κατὰ θέρη καὶ χειμῶνας,
μέχρι οὗ τήν τε ἀρχὴν κατέπαυσαν τῶν Ἀθηναίων Λακεδαι
μόνιοι καὶ οἱ ξύμμαχοι καὶ τὰ μακρὰ τείχη καὶ τὸν Πειραιᾶ
κατέλαβον. ἔτη δὲ ἐς τοῦτο τὰ ξύμπαντα ἐγένετο τῷ πο
λέμῳ ἑπτὰ καὶ εἴκοσιν. — ξὺν τῷ πρώτῳ πολέμῳ τῷ δεκα
ετεῖ καὶ τῇ μετ᾽ αὐτὸν ὑπόπτῳ ἀνακωχῇ καὶ τῷ ὕστερον ἐξ
αὐτῆς πολέμῳ εὑρήσει τις τοσαῦτα ἔτη —. ἐπεβίων δὲ διὰ
παντὸς αὐτοῦ, αἰσθανόμενός τε τῇ ἡλικίᾳ καὶ προσέχων τὴν
γνώμην, ὅπως ἀκριβές τι εἴσομαι· καὶ ξυνέβη μοι φεύγειν
τὴν ἐμαυτοῦ ἔτη εἴκοσι μετὰ τὴν ἐς Ἀμφίπολιν στρατηγίαν
καὶ γενομένῳ παρ᾽ ἀμφοτέροις τοῖς πράγμασι, καὶ οὐχ ἧσσον
τοῖς Πελοποννησίων διὰ τὴν φυγήν, καθ᾽ ἡσυχίαν τι αὐτῶν
μᾶλλον αἰσθέσθαι. andere beziehungen auf das ende des
kriegs I 13, 4. 18, 1. II 65, 7—12.

II 48, 2 von der pest zu Athen: ἐγὼ δὲ οἷόν τε ἐγίγνετο
λέξω καὶ ἀφ᾽ ὧν ἄν τις σκοπῶν. εἴ ποτε καὶ αὖθις ἐπιπέ
σοι, μάλιστ᾽ ἂν ἔχοι τι προειδὼς μὴ ἀγνοεῖν, ταῦτα δηλώσω,
αὐτός τε νοσήσας καὶ αὐτὸς ἰδὼν ἄλλους πάσχοντας.

IV 104, 2 — 107, 1 über die capitulation von Amphi
polis: οἱ δ᾽ ἐναντίοι τοῖς προδιδοῦσι (τὴν πόλιν)—πέμπουσι
μετὰ Εὐκλέους τοῦ στρατηγοῦ — ἐπὶ τὸν ἕτερον στρατηγὸν
τῶν ἐπὶ Θρᾴκης, Θουκυδίδην τὸν Ὀλόρου, ὃς τάδε ξυνέγρα
ψεν, ὄντα περὶ Θάσον —, κελεύοντες σφίσι βοηθεῖν. καὶ ὁ
μὲν ἀκούσας κατὰ τάχος ἑπτὰ ναυσὶν αἳ ἔτυχον παροῦσαι
ἔπλει καὶ ἐβούλετο φθάσαι μάλιστα μὲν οὖν τὴν Ἀμφίπολιν
πρίν τι ἐνδοῦναι, εἰ δὲ μή, τὴν Ἠιόνα προκαταλαβών. ἐν
τούτῳ δὲ ὁ Βρασίδας δεδιὼς καὶ τὴν ἀπὸ τῆς Θάσου τῶν
νεῶν βοήθειαν καὶ πυνθανόμενος τὸν Θουκυδίδην κτῆσίν τε
ἔχειν τῶν χρυσείων μετάλλων ἐργασίας ἐν τῇ περὶ ταῦτα
Θρᾴκῃ καὶ ἀπ᾽ αὐτοῦ δύνασθαι ἐν τοῖς πρώτοις τῶν ἠπειρω
τῶν ἠπείγετο προκατασχεῖν, εἰ δύναιτο, τὴν πόλιν — καὶ τὴν
ξύμβασιν μετρίαν ἐποιεῖτο κτέ. — — καὶ οἱ μὲν τὴν πόλιν τοι
ούτῳ τρόπῳ παρέδοσαν, ὁ δὲ Θουκυδίδης καὶ αἱ νῆες ταύτῃ

τῇ ἡμέρᾳ ὀψὲ κατέπλεον ἐς τὴν Ἠϊόνα. καὶ τὴν μὲν Ἀμφί- § 19.
πολιν Βρασίδας ἄρτι εἶχεν, τὴν δὲ Ἠϊόνα παρὰ νύκτα ἐγέ-
νετο λαβεῖν· εἰ γὰρ μὴ ἐβοήθησαν αἱ νῆες διὰ τάχους, ἅμα
ἕῳ ἂν εἴχετο. μετὰ δὲ τοῦτο ὁ μὲν τὰ ἐν τῇ Ἠϊόνι καθί-
στατο, ὅπως καὶ τὸ αὐτίκα, ἢν ἐπίῃ ὁ Βρασίδας, καὶ τὸ
ἔπειτα ἀσφαλῶς ἕξει κτέ. Marcell. α § 23 τὸ πρῶτον ἀτύχημα εἰς ἁμάρτημα μετα-
λαβόντες φυγαδεύουσιν αὐτόν. β § 46 ἰστέον δ᾽ ὅτι στρα-
τηγήσας ἐν Ἀμφιπόλει ὁ Θ. καὶ δόξας ἐκεῖ βραδέως ἀφι-
κέσθαι καὶ προλαβόντος αὐτὸν τοῦ Βρασίδου ἐφυγαδεύθη
ὑπ᾽ Ἀθηναίων διαβάλλοντος αὐτὸν τοῦ Κλέωνος. γ § 55 ἐπὶ
προδοσίᾳ φεύγοντα. anon. § 3 αἰτίαν ἔσχε προδοσίας ἐκ
βραδυτῆτός τε καὶ ὀλιγωρίας.

Thukydides sprechen schuldig Grote hist. of Gr. VI
565. Oncken Athen u. Hellas II 319: dagegen E. Curtius
gr. gesch. II³ 445. 750. Herm. Hiecke, der hochverrath des
geschichtschr. Th. Berlin 1869. Classen anh. zu Th. IV 106.

Thukydides hielt sich als verbannter in Thrakien auf.
Plut. v. d. verbannung 14 p. 605ᶜ. Θ. Ἀθ. συνέγραψε τὸν
πόλεμον τῶν Π. κ. Ἀ. ἐν Θράκῃ περὶ τὴν Σκαπτὴν ὕλην.
Dion. π. τ. Θουκ. χ. 41 p. 918 m. Krügers anm. Marcell. α
§ 25 διατρίβων ἐν Σκαπτῇ ὕλῃ ὑπὸ πλατάνῳ ἔγραφεν. μὴ
γὰρ δὴ πειθώμεθα Τιμαίῳ λέγοντι ὅτι φυγὼν ᾤκησεν ἐν
Ἰταλίᾳ. β § 46. 47.

Cic. de orat. II 13, 56 Thucydides — hos libros tum scrip-
sisse dicitur, cum a republica remotus atque — in exilium pul-
sus esset.

Paus. I 23, 9 Οἰνοβίῳ δὲ ἔργον ἐστὶν ἐς Θουκυδίδην
τὸν Ὀλόρου χρηστόν· ψήφισμα γὰρ ἐνίκησεν Οἰνόβιος κατελ-
θεῖν ἐς Ἀθήνας Θουκυδίδην, καί οἱ δολοφονηθέντι, ὡς κατ-
ῄει, μνῆμά ἐστιν οὐ πόρρω πυλῶν Μελιτίδων.

Plin. NH. VII 111 Thucydiden imperatorem Athenienses
in exilium egere, rerum conditorem revocavere, eloquentiam mi-
rati, cuius virtutem damnaverant.

Marcellin. α § 31 — 33 οἱ μὲν οὖν αὐτὸν ἐκεῖ λέγουσιν
ἀποθανεῖν ἔνθα καὶ διέτριβε φυγὰς ὤν, καὶ φέρουσι μαρτύ-
ριον τοῦ μὴ κεῖσθαι τὸ σῶμα ἐπὶ τῆς Ἀττικῆς· ἴκριον γὰρ
ἐπὶ τοῦ τάφου κεῖσθαι, τοῦ κενοταφίου δὲ τοῦτο γνώρισμα
εἶναι ἐπιχώριον καὶ νόμιμον Ἀττικὸν τῶν ἐπὶ τοιαύτῃ δυσ-
τυχίᾳ τετελευτηκότων καὶ μὴ ἐν Ἀθήναις ταφέντων. Δίδυμος

§ 10. δ' ἐν Ἀθήναις ἀπὸ τῆς φυγῆς ἐλθόντα βιαίῳ θανάτῳ· τοῦτο
δέ φησι Ζώπυρον ἱστορεῖν. τοὺς γὰρ Ἀθηναίους κάθοδον
δεδωκέναι τοῖς φυγάσι πλὴν τῶν Πεισιστρατιδῶν μετὰ τὴν
ἧτταν [τὴν ἐν Σικελίᾳ]· ἥκοντα οὖν αὐτὸν ἀποθανεῖν βίᾳ
καὶ τεθῆναι ἐν τοῖς Κιμωνίοις μνήμασιν. καὶ καταγινώσκειν
εὐήθειαν ἔφη τῶν νομιζόντων αὐτὸν ἐκτὸς μὲν τετελευτη-
κέναι, ἐπὶ γῆς δὲ τῆς Ἀττικῆς τεθάφθαι. ἢ γὰρ οὐκ ἂν
ἐτέθη ἐν τοῖς πατρῴοις μνήμασιν, ἢ κλέβδην τεθεὶς οὐκ ἂν
ἔτυχεν οὔτε στήλης οὔτ' ἐπιγράμματος. ἢ τῷ τάφῳ προσκει-
μένη μηνύει τοῦ συγγραφέως τοὔνομα. ἀλλὰ δῆλον ὅτι κά-
θοδος ἐδόθη τοῖς φεύγουσιν, ὡς καὶ Φιλόχορος λέγει καὶ
Δημήτριος ἐν τοῖς ἄρχουσιν. ἐγὼ δὲ Ζώπυρον ληρεῖν νο-
μίζω λέγοντα τοῦτον ἐν Θράκῃ (Ἀττικῇ Poppo) τετελευτη-
κέναι, κἂν ἀληθεύειν νομίζῃ Κράτιππος αὐτόν. τὸ δ' ἐν
Ἰταλίᾳ Τίμαιον αὐτὸν καὶ ἄλλους λέγειν κεῖσθαι μὴ καὶ σφό-
δρα καταγέλαστον ᾖ. β § 45 ἀπέθανε δὲ μετὰ τὸν πόλεμον
τ. Πελ. ἐν τῇ Θράκῃ συγγράφων τὰ πράγματα τοῦ κά
ἐνιαυτοῦ. γ § 55 ἐτελεύτησε δὲ ἐν τῇ Θράκῃ· καὶ οἱ μὲν
λέγουσιν ὅτι ἐκεῖ ἐτάφη, ἄλλοι δὲ λέγουσιν ὅτι ἐν ταῖς Ἀθή-
ναις ἠνέχθη αὐτοῦ τὰ ὀστᾶ κρύφα παρὰ τῶν συγγενῶν καὶ
οὕτως ἐτάφη· οὐ γὰρ ἐξῆν φανερῶς θάπτειν ἐν Ἀθήναις τὸν
ἐπὶ προδοσίᾳ φεύγοντα. ἔστι δὲ αὐτοῦ τάφος πλησίον τῶν
(Μελιτίδων § 17. anon. § 10) πυλῶν, ἐν χωρίῳ τῆς Ἀττικῆς ὃ
Κοίλη καλεῖται, καθά φησιν Ἄντυλλος, ἀξιόπιστος ἀνὴρ μαρ-
τυρῆσαι καὶ ἱστορίαν γνῶναι καὶ διδάξαι δεινός. καὶ στήλη
δέ, φησίν, ἔστηκεν ἐν τῇ Κοίλῃ "Θουκυδίδης Ὀλόρου Ἁλι-
μούσιος" ἔχουσα ἐπίγραμμα.

Thukydides † vor dem ausbruche des Ätna ol. 98, 1.
396 (Diod. XIV 59. Oros. II 18. vgl. m. Thuk. III 116).

Seine rhetorischen studien: L. d. X redner p. 832ᶜ Καικί-
λιος δὲ ἐν τῷ περὶ αὐτοῦ (Ἀντιφῶντος) συντάγματι Θου-
κυδίδου τοῦ συγγραφέως μαθητὴν καθηγητὴν Wyttenbach)
τεκμαίρεται γεγονέναι, ἐξ ὧν ἐπαινεῖται παρ' αὐτῷ (VIII
68) ὁ Ἀντιφῶν. Marcell. α § 22 ἤκουσε δὲ διδασκάλων
Ἀναξαγόρου μὲν ἐν φιλοσόφοις, ὅθεν, φησὶν ὁ Ἄντυλλος,
καὶ ἄθεος ἠρέμα ἐνομίσθη τῆς ἐκεῖθεν θεωρίας ἐμφορη-
θείς, Ἀντιφῶντος δὲ ῥήτορος, δεινοῦ τὴν ῥητορικὴν ἀνδρός,
οὗ καὶ μέμνηται κτέ. § 36 ἐξήλωσε δὲ ἐπ' ὀλίγον, ὥς
φησιν Ἄντυλλος, καὶ τὰς Γοργίου τοῦ Λεοντίνου παρι-
σώσεις καὶ τὰς ἀντιθέσεις τῶν ὀνομάτων, εὐδοκιμούσας κατ'

ἐκεῖνο καιροῦ παρὰ τοῖς Ἕλλησι, καὶ μέντοι καὶ Προδίκου § 19. τοῦ Κείου τὴν ἐπὶ τοῖς ὀνόμασιν ἀκριβολογίαν. Über Gorgias auch Marc. β § 51. Philostr. vit. sophist. I 9 p. 492. epist. 13 p. 919 (73 p. 364 Kays.).

Verhältnis des Thukydides zu seinen vorgängern:

I 21, 1 schätzung der älteren begebenheiten οὔτε ὡς ποιηταὶ ὑμνήκασι περὶ αὐτῶν ἐπὶ τὸ μεῖζον κοσμοῦντες μᾶλλον πιστεύων, οὔτε ὡς λογογράφοι ξυνέθεσαν ἐπὶ τὸ προσαγωγότερον τῇ ἀκροάσει ἢ ἀληθέστερον, ὄντα ἀνεξέλεγκτα καὶ τὰ πολλὰ ὑπὸ χρόνου αὐτῶν ἀπίστως ἐπὶ τὸ μυθῶδες ἐκνενικηκότα. Sein urteil über Hellanikos' Atthis s. o. § 16; abweichende chronologie I 12, 3 Βοιωτοί τε γὰρ οἱ νῦν ἑξηκοστῷ ἔτει μετὰ Ἰλίου ἅλωσιν — τὴν νῦν μὲν Βοιωτίαν, πρότερον δὲ Καδμηίδα γῆν καλουμένην ᾤκισαν —, Δωριῆς τε ὀγδοηκοστῷ ἔτει ξὺν Ἡρακλείδαις Πελοπόννησον ἔσχον.

Die episoden des Thukydides ergänzen oder berichtigen Herodot. Thukyd. I 89—96 knüpft an mit der einnahme von Sestos und schildert den ursprung der attischen hegemonie; c. 97—118 behandelt die geschichte der herrschaft Athens (πεντηκονταετία oder πεντηκονταετηρίς Schol. zu I 18, 6. 42, 2. 75, 2. 97, 1. 2.); c. 128—138 das ende des Themistokles und Pausanias.

Mit Thuk. I 20 vgl. Herod. VI 57. IX 53; mit VI 54 sq. Herod. V 55 sq. 62 sq.; mit I 126 sq. Herod. V 71.

Treue darstellung der thatsachen; die motive in den reden: Thuk. I 22 καὶ ὅσα μὲν λόγῳ εἶπον ἕκαστοι ἢ μέλλοντες πολεμήσειν ἢ ἐν αὐτῷ ἤδη ὄντες, χαλεπὸν τὴν ἀκρίβειαν αὐτὴν τῶν λεχθέντων διαμνημονεῦσαι ἦν ἐμοί τε ὧν αὐτὸς ἤκουσα καὶ τοῖς ἄλλοθέν ποθεν ἐμοὶ ἀπαγγέλλουσιν· ὡς δ' ἂν ἐδόκουν ἐμοὶ ἕκαστοι περὶ τῶν ἀεὶ παρόντων τὰ δέοντα μάλιστ' εἰπεῖν, ἐχομένῳ ὡς ἐγγύτατα τῆς ξυμπάσης γνώμης τῶν ἀληθῶς λεχθέντων, οὕτως εἴρηται. τὰ δ' ἔργα τῶν πραχθέντων ἐν τῷ πολέμῳ οὐκ ἐκ τοῦ παρατυχόντος πυνθανόμενος ἠξίωσα γράφειν οὐδ' ὡς ἐμοὶ ἐδόκει, ἀλλ' οἷς τε αὐτὸς παρῆν, καὶ παρὰ τῶν ἄλλων ὅσον δυνατὸν ἀκριβείᾳ περὶ ἑκάστου ἐπεξελθών. ἐπιπόνως δὲ εὑρίσκετο, διότι οἱ παρόντες τοῖς ἔργοις ἑκάστοις οὐ ταὐτὰ περὶ τῶν αὐτῶν ἔλεγον, ἀλλ' ὡς ἑκατέρων τις εὐνοίας ἢ μνήμης ἔχοι. καὶ ἐς μὲν ἀκρόασιν ἴσως τὸ μὴ μυθῶδες αὐτῶν ἀτερπέστερον φανεῖται· ὅσοι δὲ βουλήσονται τῶν τε γενομένων τὸ σαφὲς

§ 19. σκοπεῖν καὶ τῶν μελλόντων ποτὲ αὖθις κατὰ τὸ ἀνθρώπειον τοιούτων καὶ παραπλησίων ἔσεσθαι. ὠφέλιμα κρίνειν αὐτὰ ἀρκούντως ἕξει. κτῆμά τε ἐς ἀεὶ μᾶλλον ἢ ἀγώνισμα ἐς τὸ παραχρῆμα ἀκούειν ξύγκειται. Schilderung der katastrophe in Sicilien. Plut. Nik. 1 ἐπὶ ταῖς διηγήσεσιν αἷς Θ., αὐτὸς αὐτοῦ περὶ ταῦτα παθητικώτατος ἐνεργέστατος ποικιλώτατος γενόμενος, ἀμιμήτως ἐξενήνοχεν. Dionys. π. τ. Θουκυδ. χαρ. 8. p. 824 μαρτυρεῖται δὲ τῷ ἀνδρὶ τάχα μὲν ὑπὸ πάντων φιλοσόφων τε καὶ ῥητόρων, εἰ δὲ μή, τῶν γε πλείστων. ὅτι καὶ τῆς ἀληθείας, ἧς ἱέρειαν εἶναι τὴν ἱστορίαν βουλόμεθα, πλείστην ἐποιήσατο πρόνοιαν οὔτε προστιθεὶς τοῖς πράγμασιν οὐδὲν ὃ μὴ δίκαιον οὔτ' ἀφαιρῶν οὐδὲ ἐνεξουσιάζων τῇ γραφῇ, ἀνέγκλητον δὲ καὶ καθαρὰν τὴν προαίρεσιν ἀπὸ παντὸς φθόνου καὶ πάσης κολακείας φυλάττων, μάλιστα δ' ἐν ταῖς περὶ τῶν ἀγαθῶν ἀνδρῶν γνώμαις. Einteilung des werkes in acht bücher: Marcell. γ § 57 ἰστέον δὲ ὅτι τὴν πραγματείαν αὐτοῦ οἱ μὲν κατέτεμον εἰς τρεῖς καὶ δέκα ἱστορίας (vgl. schol. zu Thuk. II 79. IV 1. 78. 114), ἄλλοι δὲ ἄλλως· ὅμως δὲ ἡ πλείστη καὶ κοινὴ κεκράτηκε, τὸ μέχρι τῶν ὀκτὼ διῃρῆσθαι τὴν πραγματείαν, ὡς καὶ ἐπέκρινεν ὁ Ἀσκληπιάδης. Ende des werkes im 21n jahre des kriegs herbst 411 (ol. 92, 2). Diod. XIII 42 (vgl. XII 37) τῶν δὲ συγγραφέων Θουκυδίδης μὲν τὴν ἱστορίαν κατέστρεψε, περιλαβὼν χρόνον ἐτῶν εἴκοσι καὶ δυοῖν ἐν βίβλοις ὀκτώ (τίνες δὲ διαιροῦσιν εἰς ἐννέα), Ξενοφῶν δὲ καὶ Θεόπομπος ἀφ' ὧν ἀπέλιπε Θουκυδίδης τὴν ἀρχὴν πεποίηνται. Marcell. β § 45 ἀπέθανε δὲ μετὰ τὸν πόλεμον τὸν Πελοποννησιακὸν ἐν τῇ Θρᾴκῃ, συγγράφων τὰ πράγματα τοῦ εἰκοστοῦ καὶ πρώτου ἐνιαυτοῦ· κ' γὰρ ζ' κατέσχεν ὁ πόλεμος. τὰ δὲ τῶν ἄλλων ς' ἐτῶν πράγματα ἀναπληροῖ ὅ τε Θεόπομπος καὶ ὁ Ξενοφῶν, οἷς συνάπτει τὴν Ἑλληνικὴν ἱστορίαν. Marcell. β 43 sq. λέγουσι δέ τινες νοθεύεσθαι τὴν ὀγδόην ἱστορίαν· οὐ γὰρ εἶναι Θουκυδίδου. ἀλλ' οἱ μέν φασι τῆς θυγατρὸς αὐτοῦ εἶναι, οἱ δὲ Ξενοφῶντος. πρὸς οὓς λέγομεν ὅτι τῆς μὲν θυγατρὸς ὡς οὐκ ἔστι δῆλον· οὐ γὰρ γυναικείας ἦν φύσεως τοιαύτην ἀρετήν τε καὶ τέχνην μιμήσασθαι —. ὅτι δὲ οὐδὲ Ξενοφῶντός ἐστιν, ὁ χαρακτὴρ μονονουχὶ βοᾷ· πολὺ γὰρ τὸ μέ-

σου ἰσχνοῦ χαρακτῆρος καὶ ὑψηλοῦ. οὐ μὴν οὐδὲ Θεοπόμ- § 19.
που, καθά τινες ἠξίωσαν. τίσι δέ, καὶ μᾶλλον τοῖς χαριεστέ-
ροις, Θουκυδίδου μὲν εἶναι δοκεῖ, ἄλλως δ' ἀκαλλώπιστος,
δι' ἐκτύπων γεγραμμένη καὶ πολλῶν πλήρης ἐν κεφαλαίῳ
πραγμάτων καλλωπισθῆναι καὶ λαβεῖν ἔκτασιν δυναμένων.
ἔνθεν καὶ λέγομεν ὅτι ἀσθενέστερον πέφρασται . . . Diog.
L. II 57 Xenophon: λέγεται δ' ὅτι καὶ τὰ Θουκυδίδου βιβλία
λανθάνοντα ὑφελέσθαι δυνάμενος αὐτὸς εἰς δόξαν ἤγαγεν.
Kratippos verfaszte im 3n jh. v. Ch. ein werk zur er-
gänzung des Thukydides und tadelte dessen reden: Dionys.
a. a. o. c. 16 p. 847 ὧν προνοούμενος (Θ.) ἔοικεν ἀτελῆ τὴν
ἱστορίαν καταλιπεῖν, ὡς καὶ Κράτιππος ὁ συνακμάσας † αὐτῷ
καὶ τὰ παραλειφθέντα ὑπ' αὐτοῦ συναγαγὼν γέγραφεν, οὐ
μόνον ταῖς πράξεσιν αὐτὰς (τὰς ῥητορείας), ἀλλὰ καὶ τοῖς
ἀκούουσιν ὀχληρὰς εἶναι. τοῦτό γέ τοι συνέντα αὐτὸν ἐν
τοῖς τελευταίοις τῆς ἱστορίας φησὶ μηδεμίαν τάξαι ῥητορείαν,
πολλῶν μὲν κατὰ τὴν Ἰωνίαν γενομένων, πολλῶν δ' ἐν
Ἀθήναις, ὅσα διὰ λόγων καὶ δημηγοριῶν ἐπράχθη. Kratip-
pos war nach Marcellin. α § 33 jünger als der rhetor Zopyros
von Klazomenae (um 270); seine geschichte wird vit. X or.
p. 834ᵈ beim Hermokopidenprocess, Plut. de glor. Ath. 1
p. 345ᵈᵉ von begebenheiten nach dem peloponnesischen kriege
angeführt. Müller FHG II 75.

§ 20. Ktesias von Knidos.

Fragm. diss. et not. illustrata a Car. Müllero, anh. v. Herod. ed. Guil.
Diudorf. Paris, Didot 1858.

Suidas: Κτησίας Κτησιάρχου ἢ Κτησιόχου (Κτησιόχου
Lukian. ἀλ. ἱστ.᾽ I 3. Io. Tzetz. chil. 1 82) Κνίδιος, ἰατρός,
ὃς ἰάτρευσεν ἐν Πέρσαις Ἀρταξέρξην τὸν Μνήμονα κληθέντα
καὶ συνέγραψε Περσικὰ ἐν βιβλίοις κ΄ καὶ γ΄.

Galen. vol. XVIII 1 p. 731 Kühn — Κτησίας ὁ Κνίδιος
συγγενὴς αὐτοῦ (Ἱπποκράτους)· καὶ γὰρ αὐτὸς ἦν Ἀσκλη-
πιάδης τὸ γένος.

Strabo XIV p. 656 Knidos: ἐντεῦθεν δὲ καὶ Κτησίας ὁ
ἰατρεύσας μὲν Ἀρταξέρξην, συγγράψας δὲ τὰ Ἀσσυρικὰ καὶ
τὰ Περσικά. XI p. 508 ῥᾷον δ' ἄν τις Ἡσιόδῳ καὶ Ὁμήρῳ
πιστεύσειεν ἡρωολογοῦσι καὶ τοῖς τραγικοῖς ποιηταῖς ἢ Κτη-
σίᾳ τε καὶ Ἡροδότῳ καὶ Ἑλλανίκῳ καὶ ἄλλοις τοιούτοις.

Photios bibl. 72 p. 35 ἀνεγνώσθη βιβλίον Κτησίου τοῦ

§ 20. *Κνιδίου τὰ Περσικά, ἐν βιβλίοις κγ'. ἀλλ' ἐν μὲν τοῖς πρώτοις ς' τά τε Ἀσσύρια διαλαμβάνει καὶ ὅσα πρὸ τῶν Περσικῶν, ἀπὸ μέντοι τοῦ ζ' τὰ Περσικὰ διεξέρχεται. καὶ ἐν μὲν τῷ ζ' καὶ η' ⟨καὶ θ'⟩ καὶ ι' καὶ ια' καὶ ιβ' καὶ ιγ' διέξεισι τὰ περὶ Κύρου καὶ Καμβύσου καὶ τοῦ μάγου Δαρείου τε καὶ τοῦ Ξέρξου, σχεδὸν ἐν ἅπασιν ἀντικείμενα Ἡροδότῳ ἱστορῶν, ἀλλὰ καὶ ψεύστην αὐτὸν ἀπελέγχων ἐν πολλοῖς καὶ λογοποιὸν ἀποκαλῶν· καὶ γὰρ νεώτερος μέν ἐστιν αὐτοῦ. φησὶ δὲ αὐτὸν τῶν πλειόνων ἃ ἱστορεῖ αὐτόπτην γενόμενον ἢ παρ' αὐτῶν Περσῶν, ἔνθα τὸ ὁρᾶν μὴ ἐνεχώρει, αὐτήκοον καταστάντα, οὕτω τὴν ἱστορίαν συγγράψαι. οὐχ Ἡροδότῳ δὲ μόνῳ τἀναντία ἱστορεῖ, ἀλλὰ καὶ πρὸς Ξενοφῶντα τὸν Γρύλλου ἐπ' ἐνίων διαφωνεῖ. ἤκμασε δὲ ἐν τοῖς χρόνοις Κύρου τοῦ ἐκ Δαρείου καὶ Παρυσάτιδος, ὃς ἀδελφὸς Ἀρταξέρξου, εἰς ὃν ἡ Περσικὴ βασιλεία κατῆλθεν, ἐτύγχανεν.* Photios gibt einen auszug aus den Persika (VII— XXIII) und fügt hinzu (p. 45ᵃ) *ἔστι δὲ οὗτος ὁ συγγραφεὺς σαφής τε καὶ ἀφελὴς λίαν, διὸ καὶ ἡδονῇ αὐτῷ σύγκρατός ἐστιν ὁ λόγος. κέχρηται δὲ τῇ Ἰωνικῇ διαλέκτῳ, εἰ καὶ μὴ δι' ὅλου καθάπερ Ἡρόδοτος, ἀλλὰ κατ' ἐνίας τινὰς λέξεις. — ἀνεγνώσθη δὲ αὐτοῦ καὶ τά Ἰνδικά, ἐν ἑνὶ βιβλίῳ, ἐν οἷς μᾶλλον ἰωνίζει κτέ.*

Diodor. II 32 *Κτησίας δὲ ὁ Κνίδιος τοῖς μὲν χρόνοις ὑπῆρξε κατὰ τὴν Κύρου στρατείαν ἐπὶ Ἀρταξέρξην τὸν ἀδελφόν, γενόμενος δὲ αἰχμάλωτος, καὶ διὰ τὴν ἰατρικὴν ἐπιστήμην ἀναληφθεὶς ὑπὸ τοῦ βασιλέως, ἑπτακαίδεκα ἔτη διετέλεσε τιμώμενος ὑπ' αὐτοῦ. οὗτος οὖν φησιν ἐκ τῶν βασιλικῶν διφθερῶν, ἐν αἷς οἱ Πέρσαι τὰς παλαιὰς πράξεις κατά τινα νόμον εἶχον συντεταγμένας, πολυπραγμονῆσαι τὰ καθ' ἕκαστον καὶ συνταξάμενος τὴν ἱστορίαν εἰς τοὺς Ἕλληνας ἐξενεγκεῖν.* XIV 46. ol. 95, 3. 398 *Κτησίας δ' ὁ συγγραφεὺς τὴν τῶν Περσικῶν ἱστορίαν εἰς τοῦτον τὸν ἐνιαυτὸν κατέστροφεν, ἀρξάμενος ἀπὸ Νίνου καὶ Σεμιράμεως.*

Über die assyrische und medische chronologie des Ktesias s. I. Brandis rer. Assyr. temp. emendata Bonn 1853 p. 12. de tempor. gr. antiqu. ration. 1857 p. 24. Gutschmid jahrb. f. cl. phil. 1866 p. 444. Ktesias setzte den untergang des assyrischen reichs 108 jahre vor der ersten olympiade (= 884/3 v. Ch., die zeit Lykurgs nach spartanischer berechnung); 300 jahre früher in die zeit des trojanischen § 20. kriegs (=1184/3) den 22n könig Teutamos.

Über den letzten abschnitt von Ktesias' geschichte s. Xen. Anab. I 8, 26 s. (Κῦρος βασιλέα) παίει κατὰ τὸ στέρνον καὶ τιτρώσκει διὰ τοῦ θώρακος, ὥς φησι Κτησίας ὁ ἰατρὸς καὶ ἰᾶσθαι αὐτὸς τὸ τραῦμά φησιν. — ὁπόσοι μὲν τῶν ἀμφὶ βασιλέα ἀπέθνησκον Κτησίας λέγει· παρ' ἐκείνῳ γὰρ ἦν. Plutarch. Artax. 1 ὁ δ' Ἀρτοξέρξης Ἀρσίκας πρότερον ἐκαλεῖτο· καίτοι Δείνων φησίν, Ὀάρσης. ἀλλὰ τὸν Κτησίαν, εἰ καὶ τᾶλλα μύθων ἀπιθάνων καὶ παραφόρων ἐμβέβληκεν εἰς τὰ βιβλία παντοδαπὴν πυλαίαν, οὐκ εἰκός ἐστιν ἀγνοεῖν τοὔνομα τοῦ βασιλέως, παρ' ᾧ διέτριβε θεραπεύων αὐτὸν καὶ γυναῖκα καὶ μητέρα καὶ παῖδας. c. 6 Parysatis stellte der Stateira nach dem leben: ἐπεὶ δὲ Δείνων μὲν ἐν τῷ πολέμῳ συντελεσθῆναι τὴν ἐπιβουλὴν εἴρηκε, Κτησίας δὲ ὕστερον, ὃν οὔτε ἀγνοεῖν τὸν χρόνον εἰκός ἐστι παρόντα ταῖς πράξεσιν οὔτε ἑκὼν αἰτίαν εἶχεν ἐκ τοῦ χρόνου μεταστῆσαι τὸ ἔργον ὡς ἐπράχθη διηγούμενος, οἷα πάσχει πολλάκις ὁ λόγος αὐτοῦ πρὸς τὸ μυθῶδες καὶ δραματικὸν ἐκτρεπόμενος τῆς ἀληθείας, τοῦτο μὲν ἦν ἐκεῖνος ἀπέδωκε χώραν ἕξει. c. 13 über verschiedene zahlangaben bei der schlacht von Kunaxa: ταῦτα μὲν οὖν ἔχει διαμφισβήτησιν· ἐκεῖνο δὲ τοῦ Κτησίου λαμπρὸν ἤδη ψεῦσμα, τὸ πεμφθῆναι φάναι πρὸς τοὺς Ἕλληνας αὐτὸν μετὰ Φαλίνου τοῦ Ζακυνθίου καί τινων ἄλλων. ὁ γὰρ Ξενοφῶν ἠπίστατο συνδιατρίβοντα βασιλεῖ Κτησίαν· μέμνηται γὰρ αὐτοῦ, καὶ τοῖς βιβλίοις τούτοις ἐντετυχηκὼς δῆλός ἐστιν· οὐκ ἂν οὖν ἐλθόντα καὶ λόγων τοσούτων ἑρμηνέα γενόμενον παρῆκεν ἀνώνυμον, Φαλῖνον δὲ τὸν Ζακύνθιον ὠνόμαζεν. ἀλλὰ δαιμονίως ὁ Κτησίας ὡς ἔοικε φιλότιμος ὢν καὶ οὐχ ἧττον φιλολάκων καὶ φιλοκλέαρχος ἀεί τινας ἐν τῇ διηγήσει χώρας ἑαυτῷ δίδωσιν, ἐν αἷς γενόμενος πολλὰ καὶ καλὰ μεμνήσεται Κλεάρχου καὶ τῆς Λακεδαίμονος.

§ 21. Damastes von Sige.

Müller FHG II 64, IV 654.

Suidas: Δαμάστης Σιγεύς, ἀπὸ Σίγης τῆς Τρωάδος (Böckh staatshaush. II 727) Διωξίππου υἱός, γεγονὼς πρὸ- τῶν Πελοποννησιακῶν, σύγχρονος Ἡροδότῳ, τῶν πλουσιω-

§ 21. τάτων, ἱστορικός· γέγραφε περὶ τῶν ἐν Ἑλλάδι γενομένων
(Ἡροδότῳ, ἱστορικός· γ. π. τ. ἐ. Ἑ. γ. πλουσιωτάτων A. Nauck),
περὶ γονέων καὶ προγόνων τῶν εἰς Ἴλιον στρατευσαμένων
βιβλία β΄, ἐθνῶν κατάλογον καὶ πόλεων, περὶ ποιητῶν καὶ
σοφιστῶν, καὶ ἄλλα συχνά. γέγονε δὲ Ἑλλανίκου μαθητής.
vgl. Πῶλος Ἀκραγαντῖνος ῥήτωρ, μᾶλλον δὲ σοφιστὴς τῶν
πάλαι, διδάσκαλος Λικυμνίου, ἔγραψε γενεαλογίαν τῶν ἐπὶ
Ἴλιον στρατευσάντων Ἑλλήνων καὶ βαρβάρων, καὶ πῶς ἕκα-
στος ἀπήλλαξε. τινὲς δὲ αὐτὸ Δαμάστου ἐπιγράφουσι. νεῶν
κατάλογον. περὶ λέξεως.

Dionys. π. τ. Θουκ. χ. 5 p. 818 s. o. § 9.

Übereinstimmung von Damastes mit Hellanikos: Dionys.
arch. I 72 p. 181. Val. M. VIII 13 ext. 6. Plin. NH. VII 154.

Damastes als geograph: Rufus Festus Avienus or. mar.
42 *quin et Damastes nobili natus Sige.*

Strab. I p. 47 οὐδὲ τοῦτ᾽ εὖ Ἐρατοσθένης, ὅτι ἀνδρῶν
οὐκ ἀξίων μνήμης ἐπὶ πλέον μέμνηται, τὰ μὲν ἐλέγχων τὰ δὲ
πιστεύων καὶ μάρτυσι χρώμενος αὐτοῖς, οἷον Δαμάστῃ καὶ
τοιούτοις ἄλλοις. καὶ γὰρ εἴ τι λέγουσιν ἀληθές, οὐ μάρ-
τυσί γε ἐκείνοις χρηστέον περὶ αὐτοῦ, οὐδὲ πιστευτέον διὰ
τοῦτο· ἀλλ᾽ ἐπὶ τῶν ἀξιολόγων ἀνδρῶν μόνον τῷ τοιούτῳ
τρόπῳ χρηστέον, οἳ πολλὰ μὲν εἰρήκασιν εὖ, πολλὰ δὲ καὶ
παραλελοίπασιν ἢ οὐχ ἱκανῶς ἐξεῖπον, οὐδὲν δ᾽ ἐψευσμέ-
νως. ὁ δὲ Δαμάστῃ χρώμενος μάρτυρι οὐδὲν διαφέρει τοῦ
καλοῦντος μάρτυρα τὸν Βεργαῖον Εὐήμερον καὶ τοὺς ἄλλους,
οὓς αὐτὸς εἴρηκε διαβάλλων τὴν φλυαρίαν. καὶ τούτου
δ᾽ ἕνα τῶν λήρων αὐτὸς λέγει, τὸν μὲν Ἀράβιον κόλπον
λίμνην ὑπολαμβάνοντος εἶναι κτέ. vgl. XIV p. 683 s.

§ 22. Xenophon von Athen.

K. W. Krüger de Xenophontis vita (1822) i. d. hist.-philol. studien II
262—286. Ferd. Ranke de X. vita et scriptis. Berol. 1851. 4.
C. G. Cobet nov. lect. 1858 p. 534. Krüger krit. analecten II 42.
ausg. der werke v. J. Gottlob Schneider. VI voll., zuerst 1790—1815.
v. L. Dindorf. Oxon. 1853—1866.

Suidas: Ξενοφῶν Γρύλλου Ἀθηναῖος, φιλόσοφος Σωκρα-
τικός, ὃς πρῶτος· ἔγραψε βίους φιλοσόφων καὶ ἀπομνημονεύ-
ματα. παῖδας ἔσχεν ἀπὸ Φιλησίας Γρύλλον καὶ Διόδωρον,
οἳ καὶ Διόσκουροι ἐκαλοῦντο· αὐτὸς δὲ Ἀττικὴ μέλιττα ἐπω-
νομάζετο. γέγονε δὲ συμφοιτητὴς Πλάτωνος, καὶ ἤκμαζε κατὰ

τὴν Ϙέ ὀλυμπιάδα (400). ἔγραψε βιβλία πλείονα τῶν μ΄, § 22
ὧν καὶ ταῦτα· Κύρου παιδείας βιβλία η΄, Κύρου ἀναβά-
σεως βιβλία ζ΄, Ἑλληνικῶν βιβλία ζ΄, συμπόσιον, καὶ ἄλλα
πολλά.

Diogenes Laert. II c. 6 § 48 Ξενοφῶν Γρύλλου μὲν ἦν
υἱός, Ἀθηναῖος, τῶν δήμων Ἐρχιεύς· αἰδήμων δὲ καὶ εὐει-
δέστατος εἰς ὑπερβολήν. — ἀκροατὴς Σωκράτους ἦν καὶ
πρῶτος ὑποσημειωσάμενος τὰ λεγόμενα εἰς ἀνθρώπους ἤγα-
γεν, ἀπομνημονεύματα ἐπιγράψας. ἀλλὰ καὶ ἱστορίαν φιλο-
σόφων πρῶτος ἔγραψεν. § 55 sq. ἤκμαζε δὲ κατὰ τὸ δ΄ ἔτος
τῆς δ΄ καὶ Ϙ΄ ὀλυμπιάδος καὶ ἀναβέβηκε σὺν Κύρῳ, ἐπὶ ἄρ-
χοντος Ξεναινέτου (401), ἑνὶ πρότερον ἔτει τῆς Σωκράτους
τελευτῆς. κατέστρεψε δέ, καθά φησι Στησικλείδης ὁ Ἀθη-
ναῖος ἐν τῇ τῶν ἀρχόντων καὶ Ὀλυμπιονικῶν ἀναγραφῇ,
ἔτει πρώτῳ τῆς ε΄ καὶ ρ΄ ὀλυμπιάδος, ἐπὶ ἄρχοντος Καλλι-
μήδους (360/359), ἐφ᾽ οὗ καὶ Φίλιππος ὁ Ἀμύντου Μακε-
δόνων ἦρξε. τέθνηκε δὲ ἐν Κορίνθῳ, ὥς φησι Δημήτριος
ὁ Μάγνης, ἤδη δηλαδὴ γηραιὸς ἱκανῶς.

Xenophon im attischen heere bei Delion ol. 89, 1. 424?
Strab. IX p. 403 εἶτα Δήλιον τὸ ἱερὸν τοῦ Ἀπόλλωνος ἐκ
Δήλου ἀφιδρυμένον — ὅπου μάχῃ λειφθέντες Ἀθηναῖοι προ-
τροπάδην ἔφυγον· ἐν δὲ τῇ φυγῇ πεσόντα ἀφ᾽ ἵππου Ξενο-
φῶντα ἰδὼν κείμενον τὸν Γρύλλου Σωκράτης ὁ φιλόσοφος
στρατεύων πεζός, τοῦ ἵππου γεγονότος ἐκποδών, ἀνέλαβε
τοῖς ὤμοις αὐτὸν καὶ ἔσωσεν ἐπὶ πολλοὺς σταδίους ἕως ἐπαύ-
σατο ἡ φυγή. Diog. L. II 22 (Σωκράτης) Ξενοφῶντα ἀφ᾽
ἵππου πεσόντα ἐν τῇ κατὰ Δήλιον μάχῃ διέσωσεν ὑπολαβών.
Nach Plat. Sympos. 36 p. 220 sq. gab der berittene Alki-
biades dem unter den hopliten dienenden Sokrates auf der
flucht das geleit (ἔτυχον γὰρ παραγενόμενος ἵππον ἔχων,
οὗτος δὲ ὅπλα). vgl. Plut. Alkib. 7.

Zeitpunct und ursache von Xenophons verbannung aus
Athen: Anab. VII 7, 57. 8, 2. V 3, 6. Dion. Chrys. VIII
p. 130 M. Ξενοφῶν δὲ ἔφευγε διὰ τὴν μετὰ Κύρου στρα-
τείαν. Diog. L. II 51 während X. in Asien bei Agesilaos
war ἐπὶ Λακωνισμῷ φυγὴν ὑπ᾽ Ἀθηναίων κατεγνώσθη.
Wegen seiner teilnahme an der schlacht bei Koroneia (Plut.
Ages. 18)? Niebuhr kl. hist. schriften I 467. Grote hist.
of Gr. IX 240.

Über Xenophons wohnsitz ἐν Σκιλλοῦντι ὑπὸ τῶν Λα-

§ 22. κεδαιμονίων οἰκισθέντι παρὰ τὴν Ὀλυμπίαν Anab. V 3, 7
—13. Paus. V 6, 5 sq. Λακεδαιμόνιοι δὲ ὕστερον Σκιλλοῦντα
ἀποτεμόμενοι τῆς Ἠλείας Ξενοφῶντι ἔδοσαν τῷ Γρύλλου,
φυγάδι ἤδη γεγονότι ἐξ Ἀθηνῶν. ἐδιώχθη δὲ ὁ Ξενοφῶν
ὑπὸ Ἀθηναίων ὡς ἐπὶ βασιλέα τῶν Περσῶν σφίσιν εὔνουν
ὄντα στρατείας μετασχὼν Κύρῳ πολεμιωτάτῳ τοῦ δήμου·
καθήμενος γὰρ ἐν Σάρδεσιν ὁ Κῦρος Λυσάνδρῳ τῷ Ἀριστο-
κρίτου καὶ Λακεδαιμονίοις χρήματα ἀνήλισκεν ἐς τὰς ναῦς.
ἀντὶ τούτων μὲν Ξενοφῶντι ἐγένετο φυγή —. οἱ δὲ Ἠλείων
ἐξηγηταὶ κομίσασθαί τε αὖθις Σκιλλοῦντα Ἠλείους ἔλεγον,
καὶ Ξενοφῶντα, ὅτι ἔλαβε παρὰ Λακεδαιμονίων τὴν γῆν, κρι-
θῆναι μὲν ἐν τῇ Ὀλυμπικῇ βουλῇ, τυχόντα δὲ παρὰ Ἠλείων
συγγνώμης ἀδεῶς ἐν Σκιλλοῦντι οἰκῆσαι. καὶ δὴ καὶ ὀλί-
γον ἀπωτέρω τοῦ ἱεροῦ μνῆμά τε ἐδείκνυτο καὶ τῆς Πεν-
τέλησίν ἐστι λιθοτομίας εἰκὼν ἐπὶ τῷ τάφῳ· εἶναι δὲ αὐτὸ
Ξενοφῶντος λέγουσιν οἱ προσοικοῦντες. Diog. L. II 52 sq.
ἐντεῦθεν ἐάσας τὸν Ἀγησίλαον ἦλθεν εἰς Σκιλλοῦντα χω-
ρίον τῆς Ἠλείας, ὀλίγον τῆς πόλεως ἀπέχον. εἵπετο δὲ
αὐτῷ καὶ γύναιον ὄνομα Φιλησία, καθά φησι Δημήτριος ὁ
Μάγνης, καὶ δύο υἱεῖς, Γρύλλος καὶ Διόδωρος, ὥς φησι Δεί-
ναρχος ἐν τῷ πρὸς Ξενοφῶντα ἀποστασίου (Sauppe OA II
338ᵃ) . . — τοὐντεῦθεν διετέλει κυνηγετῶν καὶ τοὺς φίλους
ἑστιῶν καὶ τὰς ἱστορίας συγγράφων.. φησὶ δ' ὁ Δείναρχος
ὅτι καὶ οἰκίαν καὶ ἀγρὸν αὐτῷ ἔδοσαν Λακεδαιμόνιοι. —
Ἠλείους τε (φασὶ) στρατευσαμένους εἰς τὸν Σκιλλοῦντα καὶ
βραδυνόντων Λακεδαιμονίων ἐξελεῖν τὸ χωρίον. ὅτε καὶ
τοὺς υἱέας αὐτοῦ εἰς Λέπρεον ὑπεξελθεῖν μετ' ὀλίγων οἰκε-
τῶν καὶ αὐτὸν Ξενοφῶντα εἰς τὴν Ἦλιν πρότερον, εἶτα καὶ
εἰς Λέπρεον πρὸς τοὺς παῖδας, κἀκεῖθεν σὺν αὐτοῖς εἰς Κό-
ρινθον διασωθῆναι καὶ αὐτόθι κατοικῆσαι. ἐν τούτῳ δὲ
ψηφισαμένων Ἀθηναίων βοηθεῖν Λακεδαιμονίοις ἔπεμψε τοὺς
παῖδας εἰς τὰς Ἀθήνας στρατευσομένους ὑπὲρ τῶν Λακεδαι-
μονίων (Schaefer Demosth. u. s. zeit III² 10—17). § 56 sq.
συνέγραψε δὲ βιβλία πρὸς τὰ μ', ἄλλων ἄλλως διαιρούντων·
τήν τε Ἀνάβασιν ἧς κατὰ βιβλίον μὲν ἐποίησε προοίμιον,
ὅλης δὲ οὔ· καὶ Κύρου παιδείαν καὶ Ἑλληνικὰ καὶ ἀπομνη-
μονεύματα· συμπόσιόν τε καὶ οἰκονομικὸν καὶ περὶ ἱππικῆς
καὶ κυνηγετικὸν καὶ ἱππαρχικόν, ἀπολογίαν τε Σωκράτους
καὶ περὶ πόρων καὶ Ἱέρωνα ἢ τυραννικόν, Ἀγησίλαόν τε
καὶ Ἀθηναίων καὶ Λακεδαιμονίων πολιτείαν, ἣν φησιν οὐκ

εἶναι Ξενοφῶντος ὁ Μάγνης Δημήτριος. λέγεται δ᾽ ὅτι καὶ § 22.
τὰ Θουκυδίδου βιβλία λανθάνοντα ὑφελέσθαι δυνάμενος
αὐτὸς εἰς δόξαν ἤγαγεν. ἐκαλεῖτο δὲ καί Ἀττικὴ μοῦσα
γλυκύτητι τῆς ἑρμηνείας (Cic. Orat. 19, 62 Xenophontis voce
Musas quasi locutas ferunt) —. § 58 sq. εἰ καί σε, Ξενοφῶν,
Κραναοῦ Κέκροπός τε πολῖται ‖ φεύγειν κατέγνων τοῦ φίλου
χάριν Κύρου, ‖ ἀλλὰ Κόρινθος ἔδεκτο φιλόξενος, ᾗ σὺ φιλη-
δῶν ‖ οὕτως ἀρέσκῃ, κεῖθι καὶ μένειν ἔγνως. εὗρον δὲ
ἀλλαχόθι ἀκμάσαι αὐτὸν περὶ τὴν θ᾽ καὶ π᾽ [?] ὀλυμπιάδα
(424) σὺν τοῖς ἄλλοις Σωκρατικοῖς. καὶ Ἴστρος φησὶν
αὐτὸν φυγεῖν κατὰ ψήφισμα Εὐβούλου καὶ κατελθεῖν κατὰ
ψήφισμα τοῦ αὐτοῦ.

[Lukian.] Makrob. 21 Ξενοφῶν δὲ ὁ Γρύλλου ὑπὲρ τὰ
ἐννενήκοντα ἐβίωσεν ἔτη.

Euseb. Hier. ol. 95, 1 (400) Xenofon filius Grylli et Cle-
sias clari habentur. ol. 95, 2 Socrates uenenum bibit (vielmehr
95, 1). ol. 95, 4 Socratici clari habentur. ol. 101, 3 (374)
Plato et Xenofon nec non et alii Socratici clari habentur. vgl.
Diod. XV 76 (ol. 103, 3. 366).

Historische schriften Xenophons:

Κύρου ἀνάβασις in sieben büchern. K. W. Krüger de
authentia et integritate Anabaseos Xenophonteae. Berol. 1824. Des-
selben ausgabe. Hal. 1826. u. ö. Karl Koch der zug der zehntausend
nach Xenophon, geographisch erläutert. Leipz. 1850.

Xen. Hell. III 1, 2 ὡς μὲν οὖν Κῦρος στράτευμά τε
συνέλεξε καὶ τοῦτ᾽ ἔχων ἀνέβη ἐπὶ τὸν ἀδελφόν, καὶ ὡς ἡ
μάχη ἐγένετο, καὶ ὡς ἀπέθανε, καὶ ὡς ἐκ τούτου ἀπεσώθη-
σαν οἱ Ἕλληνες ἐπὶ θάλατταν, Θεμιστογένει τῷ Συρακοσίῳ
γέγραπται u. dazu die ausleger. Müller FHG II 74 (vgl.
A. Schaefer philol. XIII 190).

Ἑλληνικά. Niebuhr kl. hist. schr. I 465; gegen N. Ferd. Delbrück,
Xenophon. Bonn 1829; Krüger studien I 244. G. R. Sievers commentat.
hist. de X. Hellenicis. I. Berol. 1833. Car. Peter comm. crit. de X. Helle-
nicis. Hal. 1837. Emil Müller de X. hist. graecae parte priore (quae'
continet l. I et l. II capp. 1—3, s. 10) diss. chronolog. Lips. 1856.
B. Büchsenschütz Philol. XIV 508. 1859. W. Nitsche üb. d. abfassung
von X.'s Hellenika. Berlin 1871.

Die einteilung in sieben bücher rührt nicht von Xeno-
phon her. Über eine andere einteilung s. jhb. 1870 s. 527.

Die abschnitte von I bis II 3, 10 bilden eine fort-
setzung des Thukydides (von ol. 92, 2. herbst 411 bis zum

§ 22. ende des kriegs ol. 94, 1. herbst 404). Der nächste abschnitt, die geschichte der dreissig und die herstellung der demokratie 404/3 schliesst (*Ἀθηναῖοι) ἔτι καὶ νῦν ὁμοῦ τε πολιτεύονται καὶ τοῖς ὅρκοις ἐμμένει ὁ δῆμος* (B. II z. E.) Daran reiht sich in mehreren absätzen die fernere geschichte bis zur schlacht bei Mantineia ol. 104, 2. 362. Vorgreifende episode über die ermordung Alexanders von Pherae c^a 359 VI 4, 35—37: *τοιοῦτος δ' ὢν καὶ αὐτὸς αὖ ἀποθνήσκει — τῶν δὲ ταῦτα πραξάντων ἄχρι οὗ ὅδε ὁ λόγος ἐγράφετο Τισίφονος πρεσβύτατος ὢν τῶν ἀδελφῶν τὴν ἀρχὴν εἶχεν.*

Diod. XIII 42 ol. 92, 2 *Ξενοφῶν δὲ καὶ Θεόπομπος ἀφ' ὧν ἀπέλιπε Θουκυδίδης τὴν ἀρχὴν πεποίηνται, καὶ Ξενοφῶν μὲν περιέλαβε χρόνον ἐτῶν μ΄ καὶ η΄* . . XV 89 ol. 104, 2 *τῶν δὲ συγγραφέων Ξ. μὲν ὁ Ἀθηναῖος τὴν τῶν Ἑλληνικῶν σύνταξιν εἰς τοῦτον τὸν ἐνιαυτὸν κατέστροφεν ἐπὶ τὴν Ἐπαμεινώνδου τελευτήν.*

Über Xenophons geschichtschreibung urteilt Dionys. schr. an Cn. Pomp. 4 p. 777 s. *Ξενοφῶν δὲ καὶ Φίλιστος οἱ τούτοις (Ἡροδότῳ καὶ Θουκυδίδῃ) ἐπακμάσαντες οὔτε φύσεις ὁμοίας εἶχον οὔτε προαιρέσεις. Ξενοφῶν μὲν γὰρ Ἡροδότου ζηλωτὴς ἐγένετο κατ' ἀμφοτέρους τοὺς χαρακτῆρας, τόν τε πραγματικὸν καὶ τὸν λεκτικόν. πρῶτον μὲν γὰρ τὰς ὑποθέσεις τῶν ἱστοριῶν ἐξελέξατο καλὰς καὶ μεγαλοπρεπεῖς καὶ ἀνδρὶ φιλοσόφῳ προσηκούσας, τήν τε Κύρου παιδείαν, εἰκόνα βασιλέως ἀγαθοῦ καὶ εὐδαίμονος, καὶ τὴν ἀνάβασιν τοῦ νεωτέρου Κύρου, ᾧ καὶ αὐτὸς συνανέβη, μέγιστον ἐγκώμιον ἔχουσαν τῶν συστρατευσαμένων Ἑλλήνων, καὶ τρίτην ἔτι τὴν Ἑλληνικὴν ἱστορίαν [καὶ] ἣν κατέλιπεν ἀτελῆ Θουκυδίδης, ἐν ᾗ καταλύονταί τε οἱ τριάκοντα καὶ τὰ τείχη τῶν Ἀθηναίων, ἃ Λακεδαιμόνιοι καθεῖλον, αὖθις ἀνίσταται. οὐ μόνον δὲ τῶν ὑποθέσεων χάριν ἄξιος ἐπαινεῖσθαι [ζηλωτὴς Ἡροδότου γενόμενος], ἀλλὰ καὶ τῆς οἰκονομίας. ταῖς τε γὰρ ἀρχαῖς αὐτῶν ταῖς πρεπωδεστάταις κέχρηται καὶ τελευτὰς ἑκάστῃ τὰς ἐπιτηδειοτάτας ἀποδέδωκε, μεμέρικέ τε καλῶς καὶ τέταχε καὶ πεποίκιλκε τὴν γραφήν. ἦθός τ' ἐπιδείκνυται θεοσεβὲς καὶ δίκαιον καὶ καρτερικὸν καὶ εὐπετές, ἁπάσαις τε συλλήβδην κεκοσμημένον ἀρεταῖς. καὶ ὁ μὲν πραγματικὸς τύπος αὐτῷ τοιοῦτος. ὁ δὲ λεκτικὸς πῇ μὲν ὅμοιος Ἡροδότου, πῇ δ' ἐνδεέστερος. καθαρὸς μὲν γὰρ τοῖς ὀνόμασιν ἱκανῶς καὶ σαφὴς ⟨καὶ ἐναργής⟩. καθάπερ ἐκεῖνος· ἐκλέγει*

δ᾽ ὀνόματα συνήθη τε καὶ προσφυῆ τοῖς πράγμασι καὶ συντί- § 22.
θησιν αὐτὰ ἡδέως πάνυ καὶ κεχαρισμένως, οὐχ ἧττον Ἡρο-
δότου. ὕψος δὲ καὶ κάλλος καὶ μεγαλοπρέπειαν καὶ τὸ λε-
γόμενον ἰδίως πλάσμα ἱστορικὸν Ἡρόδοτος ἔχει· οὐ γὰρ μόνον
οὐκ ἴσχυσε τοῦτο παρ᾽ αὐτοῦ λαβεῖν, ἀλλὰ κἄν ποτε διεγείραι
βουληθῇ τὴν φράσιν, ὀλίγον ἐμπνεύσας, ὥσπερ ἀπόγειος αὔρα
ταχέως σβέννυται. * μακρότερος γὰρ γίνεται τοῦ δέοντος ἐν
πολλοῖς, καὶ τοῦ πρέποντος οὐχ ὡς Ἡρόδοτος ἐφάπτεται τοῖς
προσώποις εὐτυχῶς, ἀλλ᾽ ἐν πολλοῖς ὀλίγωρός ἐστιν, ἄν τις
ὀρθῶς σκοπῇ. vgl. vct. scr. cens. 3, 2 p. 426. Cic. de orat.
II 14, 58 *denique etiam a philosophia profectus princeps Xeno-
phon Socraticus ille, post ab Aristotele Callisthenes comes Alexan-
dri scripsit historiam, et hic quidem rhetorico paene more; ille
autem superior leniore quodam sono est usus et qui illum impe-
tum oratoris non habeat, vehemens fortasse minus, sed aliquanto
tamen est, ut mihi quidem videtur, dulcior.*

[Ἀγησίλαος, zuerst von Valckenaer für untergeschoben
erklärt: die echtheit der lobschrift vertheidigte Car. Gust.
Heiland in s. ausg. Lips. 1841; vgl. Gust. Sauppe Xenoph.
opera. Lips. 1866. V 155. s. dagegen Ed. Cauer quaest. de
font. ad Ages. historiam pertinent. I. Vratisl. 1847. Ferd.
Ranke de vit. X. p. 19. Herm. Hagen, de Xenophonteo qui
fertur Agesilao. Bern. 1865.]

Λακεδαιμονίων πολιτεία (em. et ill. Fr. Haase. Berol. 1833):
von Demetrios aus Magnesia Xenophon abgesprochen.

Über die Ἀθηναίων πολιτεία s. § 25.

Περὶ πόρων, verfaszt ol. 106, 1. 355. J. G. Schneider
VI p. 137 s. 151. Böckh sth. I 777. Schaefer Dem. u. s. z.
I 171. Cobet NL 755. Xenophon abgesprochen von W.
Oncken (Isokrates u. Athen 1862 s. 96—100) und Herm. Hagen
(Eos II 149 ff.), der die abfassung in ol. 108, 2. 346 setzt.

Hubert Beckhaus, Xenophon der jüngere und Isokrates. Posen 1872 und
Zeitschr. f. Gymnasialw. 1872 s. 225 schreibt den Agesilaos, die
Λακεδαιμονίων πολιτεία, περὶ πόρων u. a. dem enkel Xenophons
gl. n. zu.

§ 23. Philistos von Syrakus.

Müller FHG I xlv. 185. IV 624; vgl. 477.

Suidas vermengt mit dem Syrakusier Philistos Philiskos
von Milet, schüler von Isokrates, und den jüngern Philistos
von Naukratis:

§ 23.   *Φιλίσκος ἢ Φίλιστος Συρακούσιος, ἱστορικός. ἦν δὲ συγγενὴς Διονυσίου τοῦ τυράννου Σικελίας καὶ ἐν τῇ πρὸς Καρχηδονίους ναυμαχίᾳ ἐτελεύτησε. μαθητὴς δὲ ἦν Εὐήνου τοῦ ἐλεγειοποιοῦ. ἔγραψε Σικελικά (ἔστι δὲ τὰ πρὸς Ἕλληνας αὐτοῖς πραχθέντα διαφόρως) καὶ γενεαλογίαν, περὶ Φοινίκης, καὶ ἄλλα τινὰ περὶ τῆς νήσου Σικελίας.*

Φίλιστος Ναυκρατίτης ἢ Συρακούσιος, Ἀρχωνίδου υἱός (Φ. ὁ Ἀρχομενίδου Paus. V 23, 6). *μαθητὴς δὲ ἦν Εὐήνου τοῦ ἐλεγειοποιοῦ. ὃς πρῶτος κατὰ τὴν ῥητορικὴν τέχνην ἱστορίαν ἔγραψε. συνέταξε δὲ τέχνην ῥητορικήν, Αἰγυπτιακὰ ἐν βιβλίοις ιβʹ, Σικελικὰ ἐν βιβλίοις ιαʹ, πρὸς τὸν τρικάρανον λόγον, περὶ Ναυκράτεως, περὶ Διονυσίου τοῦ τυράννου βιβλία ςʹ, περὶ τῆς Αἰγυπτίων θεολογίας βιβλία γʹ, δημηγορίας, καὶ ἄλλα τινά. περὶ Λιβύης καὶ Συρίας.*

Diod. XIII 103. ol. 93, 3. 406. *τῶν δὲ συγγραφέων Φίλιστος τὴν πρώτην σύνταξιν τῶν Σικελικῶν εἰς τοῦτον τὸν ἐνιαυτὸν κατέστροφεν, εἰς τὴν Ἀκράγαντος ἅλωσιν, ἐν βίβλοις ἑπτὰ διελθὼν χρόνον ἐτῶν πλείω τῶν ὀκτακοσίων· τῆς δὲ δευτέρας συντάξεως τὴν μὲν ἀρχὴν ἀπὸ τῆς προτέρας τελευτῆς πεποίηται, γέγραφε δὲ βίβλους τέσσαρας.* XI 89. ol. 104, 2. 363/2. *Φίλιστος δὲ τὰ περὶ Διονύσιον τὸν νεώτερον ὧδε κατέστροφε, διελθὼν ἔτη πέντε ἐν βίβλοις δυσίν.*

Dionys. schr. an Cn. Pompeius 5 p. 779 — 782 (vgl. o. § 22 s. 38) *Φίλιστος δὲ Θουκυδίδῃ μᾶλλον ἂν δόξειεν ἐοικέναι καὶ κατ᾽ ἐκεῖνον κοσμεῖσθαι τὸν χαρακτῆρα. ** οὔτε γὰρ ὑπόθεσιν εἴληφε πολυωφελῆ καὶ κοινήν, [ὥσπερ οὐδὲ Θουκυδίδης.] ἀλλ᾽ ἰδίαν καὶ ταύτην τοπικήν· διῄρηκε δ᾽ αὐτὴν εἰς γραφὰς δύο, ῾περὶ Σικελίας᾽ μὲν τὴν προτέραν ἐπιγράφων, ῾περὶ Διονυσίου᾽ δὲ τὴν ὑστέραν. ἔστι δὲ μία· καὶ τοῦτο γνοίης ἂν ἀπὸ τοῦ τέλους τῆς Σικελικῆς. τάξιν δ᾽ οὐ τὴν κρατίστην ἀποδέδωκε τοῖς δηλουμένοις, ἀλλὰ δυσπαρακολούθητον, χείρον τῆς Θουκυδίδου. καὶ πράγματ᾽ ἔξωθεν οὐ βούλεται παραλαμβάνειν, ὥσπερ οὐδὲ Θουκυδίδης, ἀλλ᾽ ἔστιν ὁμοειδής. ἦθος δὲ κολακικὸν καὶ φιλοτύραννον ἐμφαίνει καὶ ταπεινὸν καὶ μικρολόγον. τῆς δὲ λέξεως ἣ Θουκυδίδης κέχρηται τὸ μὲν σημειῶδες καὶ περίεργον πέφευγε, τὸ δὲ στρογγύλον καὶ πικρὸν καὶ ἐνθυμηματικὸν ἀπομέμακται. τῆς μέντοι καλλιλογίας τῆς ἐκείνου καὶ τοῦ πλούτου τῶν ἐνθυμημάτων παρὰ πολὺ ὑστερεῖ· οὐ μόνον δὲ τούτοις, ἀλλὰ καὶ κατὰ τοὺς σχηματισμούς. ἡ μὲν γὰρ πλήρης σχημάτων, ἡ δὲ Φιλίστου φρά-*

σις ὁμοειδὴς πᾶσα δεινῶς καὶ ἀσχημάτιστός ἐστι, καὶ πολλὰς § 23
εὕροι τις ἂν περιόδους ὁμοίως ἐφεξῆς ὑπ' αὐτοῦ σχηματιζο-
μένας, οἷον ἐν ἀρχῇ τῆς δευτέρας τῶν περὶ Σικελίας· "Συ-
ρακούσιοι δὲ παραλαβόντες Μεγαρεῖς καὶ Ἐνναίους – Καμα-
ριναῖοι δὲ Σικελοὺς καὶ τοὺς ἄλλους συμμάχους, πλὴν Γε-
λώων, ἀθροίσαντες — Γελῷοι δὲ Συρακουσίους οὐκ ἔφασαν
πολεμήσειν — Συρακούσιοι δὲ πυνθανόμενοι Καμαριναίους
τὸν Ὑρμινὸν διαβάντας". ταῦτα δ' ἀηδῆ πάνυ ὄντ' ἐμοὶ φαί-
νεται. μικρός τε περὶ πᾶσαν ἰδέαν ἐστὶ καὶ εὐτελής. ἐάν τε
πολιορκίας διηγῆται ἐάν τ' οἰκισμούς, ἐάν τ' ἐπαίνους ἐάν
τε ψόγους διαπορεύηται· ἀλλ' οὐδὲ τοῖς μεγέθεσι τῶν ἀν-
δρῶν συνεξισῶν τοὺς λόγους, ἀλλὰ ψοφώδεις τοὺς δημηγο-
ροῦντας καὶ λειπομένους τῆς δυνάμεως καὶ τῆς προαι-
ρέσεως ὁμοίως ἅπαντας ποιεῖ. εὐστομίαν δέ τινα φυσι-
κὴν εἰσφέρεται κατὰ τὴν ἑρμηνείαν, καὶ σύνεσιν ἐπιτευ-
κτικὴν τοῦ μετρίου, πρὸς δὲ (πρός τε?) τοὺς ἀληθινοὺς
ἀγῶνας ἐπιτηδειότερος Θουκυδίδου. vgl. vet. scr. cens. III
2 p. 426 ss.

Über die ältesten einwohner der insel, die Sikaner, sagte
Philistos dasselbe was Thukyd. VI 2, 2 (und so Ephoros
b. Strab. VI 270). Fr. 3 b. Diod. V 6 Φίλιστος μὲν γὰρ
φησιν ἐξ Ἰβηρίας αὐτοὺς (τοὺς Σικανοὺς) ἀποικισθέντας κατ-
οικῆσαι τὴν νῆσον, ἀπό τινος Σικανοῦ ποταμοῦ κατ' Ἰβη-
ρίαν ὄντος τετευχότας ταύτης τῆς προσηγορίας, Τίμαιος δὲ
τὴν ἄγνοιαν τούτου τοῦ συγγραφέως ἐλέγξας ἀκριβῶς ἀπο-
φαίνεται τούτους αὐτόχθονας εἶναι. Von der einwanderung
der Sikeler aus Italien fr. 2 bei Dion. arch. I 22 p. 58 ὡς
δὲ Φίλιστος ὁ Συρακούσιος ἔγραψε, χρόνος μὲν τῆς διαβά-
σεως ἦν ἔτος ὀγδοηκοστὸν πρὸ τοῦ Τρωικοῦ πολέμου.

Euseb. a. Abr. 803 (32 j. vor der einnahme Trojas)
Καρχηδόνα φησὶ Φίλιστος κτισθῆναι ὑπὸ Ἀζώρου καὶ Καρ-
χηδόνος τῶν Τυρίων κατὰ τοῦτον τὸν χρόνον. vgl. Movers
Phönizier II 2, 133.

Theon. progymn. 1 p. 154 W. ὁ Φίλιστος τὸν Ἀττικὸν
ὅλον πόλεμον ἐν τοῖς Σικελικοῖς ἐκ τῶν Θουκυδίδου μετ-
ενήνοχεν.

Plutarch. Nikias 19 κἀκείνου (τοῦ Γυλίππου) τὸ πᾶν
ἔργον γεγονέναι φησὶν οὐ Θουκυδίδης μόνον ἀλλὰ καὶ Φί-
λιστος, ἀνὴρ Συρακούσιος καὶ τῶν πραγμάτων ὁρατὴς γε-
νόμενος. vgl. c. 28.

§ 23.   Diod. XIII 91. ol. 93, 3. 406. τῶν δ' ἀρχόντων ζημι-
ούντων τὸν Διονύσιον κατὰ τοὺς νόμους ὡς θορυβοῦντα
Φίλιστος ὁ τὰς ἱστορίας ὕστερον συγγράψας, οὐσίαν ἔχων
μεγάλην, ἐξέτισε τὰ πρόστιμα, καὶ τῷ Διονυσίῳ παρεκε-
λεύετο λέγειν ὅσα προῄρητο· καὶ προσέτι εἰπόντος ὅτι καθ'
ὅλην τὴν ἡμέραν, ἂν ζημιοῦν ἐθέλωσιν, ἐκτίσει τἀργύριον
ὑπὲρ αὐτοῦ, τὸ λοιπὸν θαρρήσας ⟨Διονύσιος⟩ ἀνέσειε τὰ
πλήθη, καὶ τὴν ἐκκλησίαν συνταράττων διέβαλλε τοὺς στρα-
τηγούς, ὅτι χρήμασι πεισθέντες ἐγκατέλιπον τὴν τῶν Ἀκρα-
γαντίνων σωτηρίαν.
        Um ol. 98, 3. 386 ward Philistos nebst seinem schwie-
gervater Leptines, dem bruder des tyrannen, verbannt. Phi-
listos begab sich nach Thurii (Diod. XV 7) und von dort
nach Hatria im Paduslande.   In der verbannung· schrieb er
einen groszen teil seiner geschichte.   Plutarch. v. d. ver-
bannung 14 p. 605ᶜ Φίλιστος (συνέγραψεν) ἐν Ἠπείρῳ.
Timol. 15 ὥστε μοι — τὰς Φιλίστου φωνάς, ἃς ἀφίησι περὶ
τῶν Λεπτίνου θυγατέρων ὀλοφυρόμενος, ὡς ἐκ μεγάλων ἀγα-
θῶν τῶν τῆς τυραννίδος εἰς ταπεινὴν ἀφιγμένων δίαιταν,
φαίνεσθαι θρήνους γυναικὸς ἀλαβάστρους καὶ πορφύρας καὶ
χρυσία ποθούσης. Paus. I 13, 9 εἰ δὲ καὶ Φίλιστος αἰτίαν
δικαίαν εἴληφεν ἐπελπίζων τὴν ἐς Συρακούσας κάθοδον
ἀποκρύψασθαι τῶν Διονυσίου τὰ ἀνοσιώτατα, ἦ που πολλή
γε Ἱερωνίμῳ συγγνώμη τὰ ἐς ἡδονὴν Ἀντιγόνου γράφειν.
        Theon progymn. 2 p. 163 πολλὰ δὲ καὶ ἐκπέφρασται
παρὰ τοῖς παλαιοῖς, ὥσπερ — καὶ παρὰ Φιλίστῳ ἐν μὲν τῇ
ἡ΄ τὰ περὶ τὴν παρασκευὴν τὴν ἐπὶ Καρχηδονίους Διονυσίου
τοῦ τυράννου καὶ τῶν ὅπλων καὶ τῶν νεῶν καὶ τῶν ὀργά-
νων τὴν ποίησιν (Diod. XIV 41 — 44. ol. 95, 2. 399), ἐν δὲ
τῇ ια΄ τὰ περὶ τὴν ἐκφορὰν αὐτοῦ καὶ τῆς πυρᾶς τὴν ποι-
κιλίαν.   Plut. Pelop. 34 ἐκείνων δὲ τῶν ταφῶν οὐ δοκοῦσιν
ἕτεραι λαμπρότεραι γενέσθαι τοῖς τὸ λαμπρὸν οὐκ ἐν ἐλέ-
φαντι καὶ χρυσῷ καὶ πορφύραις εἶναι νομίζουσιν, ὥσπερ
Φίλιστος ὑμνῶν καὶ θαυμάζων τὴν Διονυσίου ταφήν, οἷον
τραγῳδίας μεγάλης τῆς τυραννίδος ἐξόδιον θεατρικὸν γενο-
μένην.
        Dionysios II rief Philistos zurück. Plutarch. Dion 11
οἱ δὲ τῷ Δίωνι πολεμοῦντες φοβούμενοι τὴν τοῦ Διονυσίου
μεταβολὴν ἔπεισαν αὐτὸν ἀπὸ τῆς φυγῆς μεταπέμπεσθαι Φί-
λιστον, ἄνδρα καὶ πεπαιδευμένον περὶ λόγους καὶ τυραννι-

κἂν ἠθῶν ἐμπειρότατον, ὡς ἀντίταγμα πρὸς Πλάτωνα καὶ § 23. φιλοσοφίαν ἐκεῖνον ἔξοντες. ὁ γὰρ δὴ Φίλιστος ἐξ ἀρχῆς τε τῇ τυραννίδι καθισταμένῃ προθυμότατον ἑαυτὸν παρέσχεν καὶ τὴν ἄκραν διεφύλαξε φρουραρχῶν ἐπὶ πολὺν χρόνον—. ἐπεὶ δὲ Λεπτίνης — γενομένων αὐτῷ δυεῖν θυγατέρων τὴν ἑτέραν ἔδωκε Φιλίστῳ μηδὲ φράσας πρὸς Διονύσιον, ὀργισθεὶς ἐκεῖνος — τὸν — Φίλιστον ἐξήλασε Σικελίας φυγόντα παρὰ ξένους τινὰς εἰς τὸν Ἀδρίαν, ὅπου καὶ δοκεῖ τὰ πλεῖστα συνθεῖναι τῆς ἱστορίας σχολάζων. οὐ γὰρ ἐπανῆλθε τοῦ πρεσβυτέρου ζῶντος, ἀλλὰ μετὰ τὴν ἐκείνου τελευτήν, ὥσπερ εἴρηται, κατήγαγεν αὐτὸν ὁ πρὸς Δίωνα τῶν ἄλλων φθόνος, ὡς αὐτοῖς τε μᾶλλον ἐπιτήδειον ὄντα καὶ τῇ τυραννίδι βεβαιότερον.

Corn. Nep. Dion 3, 2 *eodemque tempore* (mit Platons berufung) *Philistum historicum Syracusas reduxit, hominem amicum non magis tyranno quam tyrannis. sed de hoc in eo libro plura sunt exposita qui de historicis Graecis compositus est.*

Philistos fand ol. 105, 4. 357, 6 in einem seegefecht mit Dions anhängern den tod. Diod. 16, 16 (ol. 106, 1) erzählt nach Ephoros: οἱ μὲν Συρακόσιοι πανταχόθεν κυκλώσαντες τὰς ναῦς ἐφιλοτιμοῦντο ζωγρίᾳ λαβεῖν τὸν στρατηγόν, ὁ δὲ Φίλιστος εὐλαβηθεὶς τὴν ἐκ τῆς αἰχμαλωσίας αἰκίαν ἑαυτὸν ἀπέσφαξε, πλείστας μὲν καὶ μεγίστας χρείας παρεσχημένος τοῖς τυράννοις, πιστότατος δὲ τῶν φίλων τοῖς δυνάσταις γεγονώς. οἱ δὲ Συρακόσιοι νικήσαντες τῇ ναυμαχίᾳ τὸ μὲν σῶμα τοῦ Φιλίστου διαμερίσαντες καὶ δι' ὅλης τῆς πόλεως ἑλκύσαντες ἄταφον ἐξέρριψαν. Διονύσιος δὲ τὸν μὲν πρακτικώτατον τῶν φίλων ἀποβαλὼν — ἐξέπεμψε πρεσβευτὰς πρὸς τὸν Δίωνα. Plut. Dion 35 s. Ἔφορος μὲν οὖν φησίν, ὡς ἁλισκομένης τῆς νεὼς (Φίλιστος) ἑαυτὸν ἀνέλοι, Τιμωνίδης δὲ πραττομέναις ἐξ ἀρχῆς ταῖς πράξεσι ταύταις μετὰ Δίωνος παραγενόμενος καὶ γράφων πρὸς Σπεύσιππον τὸν φιλόσοφον ἱστορεῖ ζῶντα ληφθῆναι τῆς τριήρους εἰς τὴν γῆν ἐκπεσούσης τὸν Φίλιστον —. ἔτι δὲ μᾶλλον ἐφυβρίζων ὁ Τίμαιος κτέ. — ἀλλὰ Τίμαιος οὐκ ἄδικον λαβὼν πρόφασιν τὴν ὑπὲρ τῆς τυραννίδος τοῦ Φιλίστου σπουδὴν καὶ πίστιν ἐμπίπλαται τῶν κατ' αὐτοῦ βλασφημιῶν. — οὐ μὴν οὐδ' Ἔφορος ὑγιαίνει τὸν Φίλιστον ἐγκωμιάζων, ὃς καίπερ ὢν δεινότατος ἀδίκοις πράγμασι καὶ πονηροῖς ἤθεσιν εὐσχήμονας αἰτίας

§ 23. περιβαλεῖν καὶ λόγους ἔχοντας κόσμον ἐξευρεῖν, αὐτὸς αὑτὸν
οὐ δύναται πάντα μηχανώμενος ἐξελέσθαι τῆς γραφῆς, ὡς
οὐ φιλοτυραννότατος ἀνθρώπων γένοιτυ καὶ μάλιστα πάν-
των ἀεὶ ζηλώσας καὶ θαυμάσας τρυφὴν καὶ δύναμιν καὶ
πλούτους καὶ γάμους τοὺς τῶν τυράννων. ἀλλὰ γὰρ Φιλί-
στου ὁ μήτε τὰς πράξεις ἐπαινῶν μήτε τὰς τύχας ὀνειδίζων
ἐμμελέστατος.

Cic. de divin. I 20, 39 *ut scriptum apud Philistum est, et
doctum hominem et diligentem et aequalem temporum illorum.*
de orat. II 13, 57 *hunc (Thucydidem) consecutus est Syracusius
Philistus qui, cum Dionysii tyranni familiarissimus esset, otium
suum consumpsit in historia scribenda maximeque Thucydidem
est, sicut mihi videtur, imitatus.* Brut. 17, 66 *amatores huic
(Catoni) desunt, sicuti multis iam ante saeclis et Philisto Syra-
cusio et ipso Thucydidi. nam ut horum concisis sententiis, in-
terdum etiam non satis apertis cum brevitate tum nimio acumine,
officit Theopompus elatione atque altitudine orationis suae sqq.*
ad Qu. fratr. II 11 (13), 4 *Siculus ille (Philistus) capitalis
creber acutus brevis, paene pusillus Thucydides; sed utros eius
habueris libros (duo enim sunt corpora) an utrosque nescio. me
magis de Dionysio delectat. ipse est enim veterator magnus et
perfamiliaris Philisto.*

Quint. X 1, 74 *Philistus quoque meretur qui turbae quam-
vis bonorum post eos (Thucydidem Herodotum Theopompum)
auctorum eximatur, imitator Thucydidis et ut multo infirmior ita
aliquatenus lucidior.*

Die fortsetzung der geschichte des Philistos von Atha-
nis § 43.

§ 24. Der angebliche Skylax von Karyanda.

C. Müller geogr. gr. min. I xxxiii. 1 — 96. Niebuhr üb. d. alter des
küstenbeschreibers Skylax (1810) kl. hist. schriften I 105. Letronne
fragmens des poëmes géogr. de Scymnus. Paris 1840 p. 165.

Skylax von Karyanda bereiste im auftrage des königs
Darius Hystaspis die Indusgegenden und gab seinen reise-
bericht heraus. vgl. Gutschmid Rh. mus. IX 141. den namen
dieses berühmten geographen trägt ein περίπλους τῆς οἰκου-
μένης, welcher ol. 105 (360 — 356) verfaszt, lückenhaft und
interpoliert auf uns gekommen ist.

2. Hilfszeugnisse aus der gleichzeitigen litteratur. § 25.

§ 25. Dichter und philosophen.

Sophokles † 406/5. Euripides geboren 480, † am hofe des königs Archelaos von Makedonien 406, brachte seit ol. 81, 1. 455 tragödien auf die bühne. ol. 87, 1. 431 gewann er mit der Medea den dritten preis.

Die komödie ward durch Kratinos († um 423), Eupolis und Aristophanes zur höchsten blüte und politischen bedeutung ausgebildet. Horat. Sat. I 4, 1 *Eupolis atque Cratinus Aristophanesque poetae* ‖ *atque alii quorum comoedia prisca virorum est,* ‖ *siquis erat dignus describi, quod malus ac fur,* ‖ *quod moechus foret aut sicarius aut alioqui* ‖ *famosus, multa cum libertate notabant.* ein verbot τοῦ μὴ κωμῳδεῖν ἐξ ὀνόματος ward ol. 85, 1. 440 erlassen, ol. 85, 4. 437 wieder aufgehoben, ol. 91, 1. 416 auf Alkibiades' betrieb erneuert.

Fragmenta comicorum Graecorum collegit et disposuit Aug. Meineke. voll. V. Berol. 1839 — 57. W. Vischer üb. d. benutzung der alten komödie als geschichtl. quelle. Basel 1840. 4.

Aristophanes, geboren 452 † ca 388, brachte seine ersten stücke (seit 427) durch seine chormeister Kallistratos und Philonides zur aufführung. erhalten sind: Ἀχαρνῆς ol. 88, 3. 425, Ἱππῆς ol. 88, 4. 424, Νεφέλαι ol. 89, 1. 423, Σφῆκες ol. 89, 2. 422, Εἰρήνη ol. 89, 3. 421, Ὄρνιθες ol. 91, 2. 414, Λυσιστράτη u. Θεσμοφοριάζουσαι ol. 92, 1. 411, Βάτραχοι ol. 93, 3. 405, Ἐκκλησιάζουσαι ol. 96, 4. 392, Πλοῦτος ol. 97, 4. 388. überreste aus den commentaren der Alexandriner enthalten die scholien.

Mit dem wegfall des chors und der parabase änderte sich das wesen der komödie. die neue komödie hatte, mit der älteren verglichen, für das staatsleben geringe bedeutung. Ion von Chios. Müller FHG II 44. Ern. Köpke de Ionis Chii poetae vita. Berol. 1836. de hypomnematis graecis II. Brandenb. 1863. 4. p. 2— 9. Ad. Kirchhoff Hermes V 58.

Ion verfaszte lyrische gedichte und tragödien und in prosa (ca 440) Ἐπιδημίαι, erinnerungen von seinem aufenthalt in Athen, Sparta u. a., welche Plutarch im leben des Kimon und Perikles benutzt hat. Ion † vor 421.

Die griechische litteratur ward bedingt durch die entwickelung der sophistik, deren hauptvertreter Protagoras

§ 25. von Abdera, Gorgias von Leontini, Prodikos von Keos
längere oder kürzere zeit zu Athen lehrten.

Gorgias (geb. ol. 71, 1 † 98, 1, 496—388) kam ol. 88,
2. 427 als gesandter seiner vaterstadt nach Athen. in sei-
nen prunkreden, z. b. dem Ὀλυμπικός, ermahnte er die Grie-
chen zum nationalkriege gegen die barbaren. Philostratos
leb. d. sophisten 1 9 p. 493.

Stesimbrotos von Thasos (Müller FHG II 52) lebte in der Pe-
rikleischen zeit zu Athen und gab sich mit allegorischer mythendeutung
ab. eine ihm beigelegte schrift περὶ Θεμιστοκλέους καὶ Θουκυδίδου καὶ
Περικλέους Athen. XIII p. 589ᵉ, aus der Plutarch anekdoten nacherzählt,
hat Comr. Bursian centralbl. 1860 s. 620 für untergeschoben erklärt. vgl.
Fz. Rühl, die quellen Plutarchs im leben des Kimon. Leipzig 1867 s.
37 — 48.

ΑΘΗΝΑΙΩΝ ΠΟΛΙΤΕΙΑ unter Xenophons schriften.
W. Roscher Thukydides s. 248—252, 526—539. Aug. Platen, de auctore
libri Xenophontei qui est de rep. Ath. Bresl. 1843. Böckh sth. I 433ⁿ.
Wolfg. Helbig rh. mus. XVI 511. W. Herbst der abfall Mytilenes
von Athen. Köln 1861. s. 18. W. Roths leb. u. erstlingsschriften.
Gött. 1862. s. 1—64. W. Vischer n. schw. mus. 1862. s. 145. G. A.
Sauppe X. opera. Lips. 1866 V p. 176.

Die schrift ist ein sendschreiben eines Atheners von der
oligarchischen partei an einen Lakedämonier, während des
peloponnesischen kriegs, spätestens zu anfang von ol. 91, 4.
sommer 413 abgefaszt. als verfasser vermuteten W. Wachs-
muth (hell. altertumsk. II, 1, 441. 1829) Platen Böckh Kritias
(vgl. die fragmente von dessen elegien Bergk poet. lyr. Gr.
p. 602, von tragödien Nauck tragic. Gr. fr. p. 597—601;
von πολιτεῖαι in prosa Müller FHG II 68); Helbig vermu-
tete Alkibiades.

Platons theorie des staates: *Πολιτεία* 16 bb. *Νόμοι*
12 bb.

Die Platon beigelegten briefe sind unecht s. Herm. Th.
Karsten de Platonis quae feruntur epistolis. Ultraj. 1864. II. Sauppe
Gött. gel. anz. 1866 s. 881.

Über die brieflitteratur überhaupt s. Rich. Bentley's
dissertation upon the epistles of Phalaris, Themistocles, Socrates, and the
fables of Aesop. London 1697. dissertation upon the epistles of Phalaris
with an answer to the objections of the Hon. Charl. Boyle. 1699 (Bent-
ley's works ed. by Alex. Dyce. London 1836. I. II. latein. v. Lennep.

Groning. 1777. deutsch v. Wold. Ribbeck. Leipz. 1857) Ant. Westermann § 26.
de epistol. scriptoribus Graecis comm. partes VIII. Lips. 1851 — 55. 4.

§ 26. Redner.

Dionysios von Halikarnass περὶ τῶν ἀρχαίων ῥητόρων ὑπομνηματισμοί
(Λυσίας. 'Ισοκράτης. 'Ισαῖος) V p. 445 — 629 R. Βίοι τῶν δέκα
ῥητόρων unter Plutarchs schriften (Moralia p. 832 — 852): von Pho-
tios überarbeitet bibl. cod. 259 — 268. vgl. A. Schaefer commentatio
de vitis decem oratorum. Dresd. 1843. zeitschr. f. d. altertumswiss.
1848 s. 244 — 267. biographien bei den scholiasten gesammelt in
Westermanns Βιογρ. l. VI.

Fragmenta oratorum Atticorum collegit, disposuit, adnotavit Herm.
Sauppius: Oratores Attici. Turici 1850. 4. II 127 — 355. Fr. Blass,
die attische beredsamkeit von Gorgias bis zu Lysias. Leipz. 1868.

Anaxim. rhet. c. 1 (I 174 Sp.) δύο γένη τῶν πολιτικῶν
εἰσὶ λόγων, τὸ μὲν δημηγορικὸν τὸ δὲ δικανικόν. Aristote-
les (Rhet. I 3 p. 1358ʰ, 7) unterscheidet τρία γένη τῶν λό-
γων τῶν ῥητορικῶν, συμβουλευτικὸν δικανικὸν ἐπιδεικτικόν.
Vgl. L. Spengel συναγωγὴ τεχνῶν s. 183 ff.

A n t i p h o n, mitglied der 400, hingerichtet ol. 92, 2. 411
(von ihm erhalten λόγοι φονικοί).

A n d o k i d e s, in den Hermokopidenprocess verwickelt.
reden περὶ τῆς ἑαυτοῦ καθόδου ol. 92, 3. 410. περὶ τῶν
μυστηρίων ol. 95, 1. 400. περὶ τῆς πρὸς Λακεδαιμονίους εἰ-
ρήνης ol. 97, 2. 391. untergeschoben die rede κατὰ 'Αλκι-
βιάδους.

L y s i a s, sohn des Syrakusiers Kephalos, zu Athen ge-
boren, hielt ol. 94, 2. 403 die (12e) rede κατὰ 'Ερατοσθένους
τοῦ γενομένου τῶν τριάκοντα und verfaszte seitdem process-
reden für andere (als λογογράφος). für die zeitgeschichte
sind lehrreich u. a. 34. fragment der rede περὶ τοῦ μὴ κα-
ταλῦσαι τὴν πάτριον πολιτείαν 'Αθήνησι (403). 25. δήμου
καταλύσεως ἀπολογία (aus derselben zeit). 13. κατὰ 'Αγο-
ράτου (nach 400). 30. κατὰ Νικομάχου (399). 26. περὶ
τῆς Εὐάνδρου δοκιμασίας (399). 16. ἐν βουλῇ Μαντιθέῳ
δοκιμαζομένῳ ἀπολογία (cᵃ 393). 28. κατὰ 'Εργοκλέους ἐπί-
λογος und 29. κατὰ Φιλοκλέους ἐπίλογος (389). 19. ὑπὲρ
τῶν 'Αριστοφάνους χρημάτων πρὸς τὸ δημόσιον (387). 33.
fragment des 'Ολυμπιακός (ol. 98, 1. 388). die grabrede
für die im korinthischen kriege gefallenen (2. ἐπιτάφιος τοῖς
Κορινθίων βοηθοῖς) ist wahrscheinlich untergeschoben.

§ 26.   Isokrates, geboren 436 † 338, bildete sich nach Gorgias und wirkte als lehrer der redekunst und als schriftsteller durch λόγοι ἐπιδεικτικοί und συμβουλευτικοί. dem kyprischen fürsten Nikokles gewidmet: 2. πρὸς Νικοκλέα. 3. Νικοκλῆς ἢ Κύπριοι. 9. Εὐαγόρας.

4. Πανηγυρικός 380. 14. Πλαταϊκός 373. 6. Ἀρχίδαμος 365. 7. Ἀρεοπαγιτικός c⁻ 355. 8. περὶ εἰρήνης ἢ συμμαχικός 355. 15. περὶ ἀντιδόσεως 353. 5. Φίλιππος 346. 12. Παναθηναϊκός 339.

Briefe von Isokrates (echt 1—9).

§ 27.   Schriftsteller über das kriegswesen.

Aeneas der taktiker (um 350).

Köchly und Rüstow griech. kriegsschriftsteller t. I. Leipzig 1853. Aeneae comment. poliorceticus. Rud. Hercher recens. et adnotavit. Berol. 1870.

Suidas: Αἰνείας. οὗτος ἔγραψε περὶ πυρσῶν, ὥς φησι Πολύβιος (X 44 Αἰνείας — ὁ τὰ περὶ τῶν στρατηγικῶν συντεταγμένος), καὶ περὶ στρατηγημάτων ὑπόμνημα. erhalten ist davon das ὑπόμνημα περὶ τοῦ πῶς δεῖ πολιορκουμένους ἀντέχειν.

III. Die zeiten der makedonischen herschaft.

1. Geschichtschreiber.

§ 28.   Ephoros von Kyme.

Müller FHG I LVII. 234. fragmenta coll. Meier Marx. Carlsr. 1815. Ad. Stelkens de Eph. C. fide atque auctoritate. Monast. 1857. Io. Ad. Klügmann. Gott. 1860. Ch. Matthiessen, jbb. f. phil. suppl. III 877. Niebuhr vorles. üb. AG. II 409 f.

Suidas: Ἔφορος Κυμαῖος, υἱὸς Δημοφίλου (οἳ δὲ Ἀντιόχου) Ἰσοκράτους ἀκουστὴς τοῦ ῥήτορος, ἱστορικός· ἔσχε δὲ υἱὸν Δημόφιλον τὸν ἱστορικόν. ἦν δὲ ἐπὶ τῆς Ϙγ' ὀλυμπιάδος (dieselbe zeitbestimmung u. Θεόπομπος s. u. s. 54), ὡς καὶ πρὸ τῆς Φιλίππου βασιλείας εἶναι τοῦ Μακεδόνος. ἔγραψεν ἀπὸ τῆς Ἰλίου πορθήσεως καὶ τῶν Τρωικῶν μέχρι τῶν αὑτοῦ χρόνων βιβλία λ', περὶ ἀγαθῶν καὶ κακῶν βιβλία κθ', παραδόξων τῶν ἑκασταχοῦ βιβλία ιε', εὑρημάτων ὧν ἕκαστος εὗρε βιβλία β', καὶ λοιπά.

Strab. XIII p. 622 ἀνὴρ δ' ἄξιος μνήμης ἐκ τῆςδε τῆς

πόλεως (Κύμης) ἀναντιλέκτως μέν ἐστιν Ἔφορος, τῶν Ἰσο- § 28.
κράτους γνωρίμων τοῦ ῥήτορος, ὁ τὴν ἱστορίαν συγγράψας
καὶ τὰ περὶ τῶν εὑρημάτων. Cic. de orat. II 13, 57 *postea vero quasi ex clarissima
rhetoris officina duo praestantes ingenio, Theopompus et Epho-
rus, ab Isocrate magistro impulsi se ad historiam contulerunt;
causas omnino numquam attigerunt.* Vit. X or. Isocrat. p. 837ᶜ ἐμαθήτευσε δὲ αὐτῷ καὶ
Θεόπομπος ὁ Χῖος καὶ Ἔφορος ὁ Κυμαῖος καὶ Ἀσκληπιάδης
— καὶ Θεοδέκτης ὁ Φασηλίτης ... p. 839ᵃ τοῦ δὲ Κυμαίου
Ἐφόρου ἀπράκτου τῆς σχολῆς ἐξελθόντος καὶ πάλιν ὑπὸ τοῦ
πατρὸς Δημοφίλου πεμφθέντος ἐπὶ δευτέρῳ μισθῷ παίζων
Δίφορον αὐτὸν ἐκάλει. ἐσπούδασε μέντοι ἱκανῶς περὶ τὸν
ἄνδρα καὶ τὴν ὑπόθεσιν τῆς χρείας αὐτὸς ὑπεθήκατο.
Suidas u. Ἔφορος b: Ἔφορος Κυμαῖος καὶ Θεόπομπος
Δαμασιστράτου Χῖος. ἄμφω Ἰσοκράτους μαθηταί, ἀπ' ἐναν-
τίων τό τε ἦθος καὶ τοὺς λόγους ὁρμώμενοι. ὁ μὲν γὰρ
Ἔφορος ἦν τὸ ἦθος ἁπλοῦς, τὴν δὲ ἑρμηνείαν τῆς ἱστορίας
ὕπτιος καὶ νωθρὸς καὶ μηδεμίαν ἔχων ἐπίτασιν· ὁ δὲ Θεό-
πομπος τὸ ἦθος πικρὸς καὶ κακοήθης, τῇ δὲ φράσει πολὺς
καὶ συνεχὴς καὶ φορᾶς μεστός· φιλαλήθης ἐν οἷς ἔγραψεν.
ὁ γοῦν Ἰσοκράτης τὸν μὲν ἔφη χαλινοῦ δεῖσθαι, τὸν δὲ Ἔφο-
ρον κέντρου. vgl. Zosim. vit. Isocr. p. 257 W. Cic. ad Attic.
VI 1, 12 *alter, uti dixit Isocrates in Ephoro et Theopompo,
frenis eget alter calcaribus.* Brut. 56, 204 *Isocratem in acer-
rumo ingenio Theopompi et lenissumo Ephori dixisse traditum
est, alteri se calcaria adhibere alteri frenos.* de orat. III 9, 36
*dicebat Isocrates — se calcaribus in Ephoro, contra autem in
Theopompo frenis uti solere. alterum enim exultantem verborum
audacia reprimebat, alterum cunctantem et quasi verecundantem
incitabat.* vgl. § 29.

Nach Plutarch π. στωικῶν ἐναντιωμ. 20 p. 1043ᵈ lehnte
Ephoros es ab, Alexander auf seinem zuge Zu begleiten.

Ephoros schrieb: 1. Εὑρήματα 2 bücher. Christoph Bruss-
kern, de rer. inventar. scriptoribus Graecis. Bonn. 1864. Paul Eichholtz,
de scriptoribus περὶ εὑρημάτων Hal. 1867.
Gegen Ephoros schrieb Straton von Lampsakos, schüler u. (287) nachfolger
von Theophrastos, εὑρημάτων ἔλεγχοι β'. Plin. ind. auct. VII *Stra-
tone qui contra Ephori εὑρήματα scripsit.* Polyb. XII 25ᶜ.

2. Ἱστορίαι 30 bücher, von der wanderung der He-
rakliden bis zur belagerung von Perinthos ol. 110, 1. 340.

§ 28.   Polyb. V 33 "Εφορον τὸν πρῶτον καὶ μόνον ἐπιβεβλη-
μένον τὰ καθόλου γράφειν.

Strab. VIII p. 332 οἱ δ' ἐν τῇ κοινῇ τῆς ἱστορίας γραφῇ
χωρὶς ἀποδείξαντες τὴν τῶν ἠπείρων τοπογραφίαν, καθάπερ
Έφορός τε ἐποίησε καὶ Πολύβιος.

X p. 465 ὁ ἐσπουδασμένως οὕτως ἐπαινέσας αὐτὸν
("Εφορον) Πολύβιος καὶ φήσας περὶ τῶν Ἑλληνικῶν καλῶς
μὲν Εὔδοξον, κάλλιστα δ' "Εφορον ἐξηγεῖσθαι περὶ κτί-
σεων συγγενειῶν μεταναστάσεων ἀρχηγετῶν . . . vgl. Po-
lyb. IX 1.

Diod. IV 1 "Εφορος μὲν γὰρ ὁ Κυμαῖος, Ἰσοκράτους ὢν
μαθητής, ὑποστησάμενος γράφειν τὰς κοινὰς πράξεις, τὰς
μὲν παλαιὰς μυθολογίας ὑπερέβη, τὰ δ' ἀπὸ τῆς Ἡρακλει-
δῶν καθόδου πραχθέντα συνταξάμενος ταύτην ἀρχὴν ἐποι-
ήσατο τῆς ἱστορίας. ὁμοίως δὲ τούτῳ Καλλισθένης καὶ Θεό-
πομπος, κατὰ τὴν αὐτὴν ἡλικίαν γεγονότες, ἀπέστησαν τῶν
παλαιῶν μύθων.

V 1 "Εφορος δὲ τὰς κοινὰς πράξεις ἀναγράφων οὐ μό-
νον κατὰ τὴν λέξιν ἀλλὰ καὶ κατὰ τὴν οἰκονομίαν ἐπιτέ-
τευχε· τῶν γὰρ βίβλων ἑκάστην πεποίηκε περιέχειν κατὰ
γένος τὰς πράξεις.

XVI 76 ol. 109, 4. 341 τῶν δὲ συγγραφέων "Εφορος
μὲν ὁ Κυμαῖος τὴν ἱστορίαν ἐνθάδε κατέστροφεν εἰς τὴν
Περίνθου πολιορκίαν, περιείληφε δὲ τῇ γραφῇ πράξεις τάς
τε τῶν Ἑλλήνων καὶ βαρβάρων, ἀρξάμενος ἀπὸ τῆς τῶν
Ἡρακλειδῶν καθόδου. χρόνον δὲ περιέλαβε σχεδὸν ἐτῶν
ἑπτακοσίων καὶ πεντήκοντα, καὶ βίβλους γέγραφε τριάκοντα,
προοίμιον ἑκάστῃ προθείς.

Clemens Al. strom. I 21 p. 403 P. ἀπὸ τούτου (der
rückkehr des Herakliden) ἐπὶ Εὐαίνετον ἄρχοντα ἐφ' οὗ
φασὶν Ἀλέξανδρον εἰς τὴν Ἀσίαν διαβῆναι, ὡς μὲν Φανίας,
ἔτη ἑπτακόσια δεκαπέντε· ὡς δὲ "Εφορος, ἑπτακόσια τριά-
κοντα πέντε.

Phanias rechnete nicht 715, sondern entsprechend der
attischen chronologie 815 jahre; über Ephoros vgl. I. Bran-
dis de temp. gr. antiqu. rat. p. 25.

Ephor. fr. 2 (bei Harpocration u. ἀρχαίως) περὶ μὲν
γὰρ τῶν καθ' ἡμᾶς γεγενημένων τοὺς ἀκριβέστατα λέγοντας
πιστοτάτους ἡγούμεθα, περὶ δὲ τῶν παλαιῶν τοὺς οὕτω δι-

ἐξιόντας ἀπιθανωτάτους εἶναι νομίζομεν, ὑπολαμβάνοντες § 28·
οὔτε τὰς πράξεις ἁπάσας οὔτε τῶν λόγων τοὺς πλείστους
εἰκὸς εἶναι μνημονεύεσθαι διὰ τοσούτων ⟨ἐτῶν Cobet⟩.
Polyb. XII 27 ὁ μὲν γὰρ Ἔφορος φησιν, εἰ δυνατὸν ἦν
αὐτοὺς (τοὺς συγγραφέας) παρεῖναι πᾶσι τοῖς πράγμασι,
ταύτην ἂν διαφέρειν πολὺ τῶν ἐμπειριῶν. c. 28 ὁ γὰρ Ἔφο-
ρος, παρ' ὅλην τὴν πραγματείαν θαυμάσιος ὢν καὶ κατὰ τὴν
φράσιν καὶ κατὰ τὸν χειρισμὸν καὶ κατὰ τὴν ἐπίνοιαν τῶν
λημμάτων, δεινότατός ἐστιν ἐν ταῖς παρεκβάσεσι καὶ ταῖς
ἀφ' αὑτοῦ γνωμολογίαις, καὶ συλλήβδην ὅταν που τὸν ἐπι-
μετροῦντα λόγον διατιθῆται, κατὰ δέ τινα συντυχίαν εὐχα-
ριστότατα καὶ πιθανώτατα περὶ τῆς συγκρίσεως εἴρηκε τῆς
τῶν ἱστοριογράφων καὶ λογογράφων.
Über seinen gegensatz zu Hellanikos s. § 16 s. 19.
Joseph. w. Apion I 12 p. 183 s. οἱ δοκοῦντες ἀκριβέ-
στατοι συγγραφεῖς, ὧν ἐστὶν Ἔφορος.
Polyb. VI 45 (über die gesetze der Kreter) οἱ λογιώ-
τατοι τῶν ἀρχαίων συγγραφέων, Ἔφορος Ξενοφῶν Καλλι-
σθένης Πλάτων.
Strab. IX p. 422 s. (fr. 70) Ἔφορος δ' ᾧ τὸ πλεῖστον
προσχρώμεθα διὰ τὴν περὶ ταῦτα ἐπιμέλειαν, καθάπερ καὶ
Πολύβιος μαρτυρῶν τυγχάνει, ἀνὴρ ἀξιόλογος, δοκεῖ μοι
τἀναντία ποιεῖν ἔσθ' ὅτε τῇ προαιρέσει καὶ ταῖς ἐξ ἀρχῆς
ὑποσχέσεσιν. ἐπιτιμήσας γοῦν τοῖς φιλομυθοῦσιν ἐν τῇ τῆς
ἱστορίας γραφῇ καὶ τὴν ἀλήθειαν ἐπαινέσας προστίθησι τῷ
περὶ τοῦ μαντείου τούτου (τοῦ ἐν Δελφοῖς) λόγῳ σεμνήν
τινα ὑπόσχεσιν, ὡς πανταχοῦ μὲν ἄριστον νομίζει τἀληθές,
μάλιστα δὲ κατὰ τὴν ὑπόθεσιν ταύτην. ἄτοπον γὰρ εἰ περὶ
μὲν τῶν ἄλλων τὸν τοιοῦτον ἀεὶ τρόπον διώκομεν, φησί,
περὶ δὲ τοῦ μαντείου λέγοντες ὃ πάντων ἐστὶν ἀψευδέστα-
τον τοῖς οὕτως ἀπίστοις καὶ ψεύδεσι χρησόμεθα λόγοις.
ταῦτα δ' εἰπὼν ἐπιφέρει παραχρῆμα, ὅτι ὑπολαμβάνουσι
κατασκευάσαι τὸ μαντεῖον Ἀπόλλωνα μετὰ Θέμιδος ὠφελῆ-
σαι βουλόμενον τὸ γένος ἡμῶν. εἶτα τὴν ὠφέλειαν εἰπὼν
ὅτι εἰς ἡμερότητα προὐκαλεῖτο καὶ ἐσωφρόνιζε, τοῖς μὲν χρη-
στηριάζων καὶ τὰ μὲν προστάττων τὰ δ' ἀπαγορεύων, τοὺς
δ' οὐδ' ὅλως προσιέμενος, ταῦτα διοικεῖν νομίζουσι, φησίν,
αὐτὸν οἱ μὲν αὐτὸν τὸν θεὸν σωματοειδῆ γινόμενον, οἱ δ'
ἀνθρώποις ἔννοιαν παραδιδόντα τῆς ἑαυτοῦ βουλήσεως. —
ἐξ Ἀθηνῶν δ' ὁρμηθέντα ἐπὶ Δελφοὺς ταύτην ἱέναι τὴν

4*

§ 28. ὁδόν, ᾗ νῦν Ἀθηναῖοι τὴν Πυθαΐδα πέμπουσι γενόμενον δὲ κατὰ Πανοπέας Τιτυὸν καταλῦσαι ἔχοντα τὸν τόπον, βίαιον ἄνδρα καὶ παράνομον· τοὺς δὲ Παρνασίους συμμίξαντας αὐτῷ καὶ ἄλλον μηνῦσαι χαλεπὸν ἄνδρα Πύθωνα τοὔνομα, ἐπίκλησιν δὲ Δράκοντα, κατατοξεύοντος δ᾽ ἐπικελεύειν ἴε παιάν. — τί δ᾽ ἂν εἴη μυθωδέστερον ἢ Ἀπόλλων τοξεύων καὶ κολάζων Τιτυοὺς καὶ Πύθωνας καὶ ὁδεύων ἐξ Ἀθηνῶν εἰς Δελφοὺς καὶ γῆν πᾶσαν ἐπιών; εἰ δὲ ταῦτα μὴ ὑπελάμβανε μύθους εἶναι. τί ἐχρῆν τὴν μυθευομένην Θέμιν γυναῖκα καλεῖν, τὸν δὲ μυθευόμενον δράκοντα ἄνθρωπον; πλὴν εἰ συγχεῖν ἐβούλετο τόν τε τῆς ἱστορίας καὶ τὸν τοῦ μύθου τύπον. παραπλήσια τούτοις καὶ τὰ περὶ τῶν Αἰτωλῶν εἰρημένα κτέ. vgl. X p. 463 s.

Theon. progymn. 6 p. 220 s. καὶ μέντοι καὶ Ἔφορος ἐν τῇ δ᾽ χρῆται τούτῳ τῷ τρόπῳ, ὅτι ἄρα Τιτυὸς μὲν ἦν Πανοπέως δυνάστης, ἀνὴρ παράνομος καὶ βίαιος. Πύθων δὲ θηριώδης τὴν φύσιν, Δράκων ἐπικαλούμενος, οἱ δὲ περὶ τὴν πάλαι μὲν Φλέγραν νῦν δὲ Παλλήνην ὀνομαζομένην κατοικοῦντες ἦσαν ἄνθρωποι ὠμοὶ καὶ ἱερόσυλοι καὶ ἀνθρωποφάγοι, οἱ καλούμενοι Γίγαντες, οὓς Ἡρακλῆς λέγεται χειρώσασθαι τὴν Τροίαν ἑλών, καὶ διὰ τὸ κρατῆσαι τοὺς περὶ τὸν Ἡρακλέα ὀλίγους ὄντας τῶν Γιγάντων πολλῶν ὄντων καὶ ἀσεβῶν θεῶν ἔργον ἅπασιν ἐδόκει γεγονέναι τὸ περὶ τὴν μάχην, καὶ ὅσα ἄλλα ἐπιλύεται περὶ τοῦ Λυκούργου καὶ Μίνωος καὶ Ῥαδαμάνθυος καὶ Διὸς καὶ Κουρήτων καὶ τῶν ἄλλων τῶν ἐν τῇ Κρήτῃ μυθολογουμένων. vgl. Strab. X p. 476.

Strab. VIII p. 334 (fr. 56) Ἔφορος μὲν οὖν ἀρχὴν εἶναι τῆς Ἑλλάδος τὴν Ἀκαρνανίαν φησὶν ἀπὸ τῶν ἑσπερίων μερῶν· ταύτην γὰρ συνάπτειν πρώτην τοῖς Ἠπειρωτικοῖς ἔθνεσιν. ἀλλ᾽ ὥσπερ οὗτος τῇ παραλίᾳ μέτρῳ χρώμενος ἐντεῦθεν ποιεῖται τὴν ἀρχήν, ἡγεμονικόν τι τὴν θάλατταν κρίνων πρὸς τὰς τοπογραφίας ... VII p. 302 s. (fr. 76) Ἔφορος δ᾽ ἐν τῇ τετάρτῃ μὲν τῆς ἱστορίας Εὐρώπῃ δ᾽ ἐπιγραφομένῃ βίβλῳ, περιοδεύσας μέχρι Σκυθῶν ...

Diod. I 9 (fr. 6) περὶ πρώτων δὲ τῶν βαρβάρων διέξιμεν, οὐκ ἀρχαιοτέρους αὐτοὺς ἡγούμενοι τῶν Ἑλλήνων, καθάπερ Ἔφορος εἴρηκεν, ἀλλὰ κτὲ.

Ephoros führte in seiner darstellung alte zeugnisse an, denkmäler, dichter u. a.

Das um 90 v. Ch. verfaszte gedicht, welches fälschlich § 28. Skymnos von Chios beigelegt wird, ist ein auszug aus den geographischen abschnitten (Müller geogr. gr. m. I p. 196 — 237). vs. 470 ἑξῆς διέξιμεν δὲ πάλι τὴν Ἑλλάδα, ‖ ἐπὶ κεφαλαίων τούς τε περὶ αὐτὴν τόπους ‖ ἐθνικῶς ἅπαντας κατ᾽ Ἔφορον δηλώσομεν. überhaupt diente die geschichte des Ephoros den späteren als handbuch und ward namentlich von Strabon und Diodor ausgeschrieben, auch von Trogus Plutarch Pausanias. vgl. R. Klüber, üb. d. quellen des D. im IX. b. Würzburg 1868. Ch. Aug. Volquardsen üb. die qu. der gr. u. sicil. geschichten bei Diodor, b. XI — XVI. Kiel. 1868. Wilh. Collmann de Diodori S. fontibus. Lips. 1869. Hil. Wolffgarten de Ephori et Dinonis historiis a Trogo Pompejo expressis. Bonn 1868.

Diodor nennt u. a. XII 41 Ephoros als seinen gewährsmann für c. 38 — 40: αἰτίαι μὲν οὖν τοῦ Πελοποννησιακοῦ πολέμου τοιαῦταί τινες ὑπῆρξαν, ὡς Ἔφορος ἀνέγραψε.

Ephoros erzählte im 10. buche (fr. 107) die belagerung von Paros durch Miltiades 489; im 20. buche (fr. 138) den διοικισμός von Mantineia (385); im 25. (fr. 146ᵃ) die schlacht bei Mantineia (362).

Plutarch. π. ἀδολεσχ. 22 p. 514ᶜ τῶν παρ᾽ ἡμῖν τις κατὰ τύχην ἀνεγνωκὼς δύο τῶν Ἐφόρου βιβλίων ἢ τρία πάντας ἀνθρώπους κατέτριβε καὶ πᾶν ἀνάστατον ἐποίει συμπόσιον, ἀεὶ τὴν ἐν Λεύκτροις μάχην καὶ τὰ συνεχῆ διηγούμενος· ὅθεν Ἐπαμεινώνδας παρωνύμιον ἔσχεν. vgl. fr. 67 (b. Strab. IX p. 400 s.). Wyttenbach zu Plut. apophth. p. 192ᶜ.

Polyb. XII 25ᶠ Ἔφορος .. ἐν τοῖς πολεμικοῖς τῶν μὲν κατὰ θάλατταν ἔργων ἐπὶ ποσὸν ὑπόνοιαν ἐσχηκέναι μοι δοκεῖ, τῶν δὲ κατὰ γῆν ἀγώνων ἄπειρος εἶναι τελέως. τοιγαροῦν ὅταν μὲν εἰς τὰς περὶ Κύπρον ναυμαχίας καὶ τὰς περὶ Κνίδον ἀτενίσῃ τις, αἷς ἐχρήσαντο οἱ βασιλέως στρατηγοὶ πρὸς Εὐαγόραν τὸν Σαλαμίνιον καὶ πάλιν πρὸς Λακεδαιμονίους, θαυμάζειν ... τὸν συγγραφέα κατὰ τὴν δύναμιν καὶ κατὰ τὴν ἐμπειρίαν καὶ πολὺ τῶν χρησίμων ἀπενέγκασθαι πρὸς τὰς ὁμοίας περιστάσεις· ὅταν δὲ τὴν περὶ Λεῦκτρα μάχην ἐξηγῆται Θηβαίων τε καὶ Λακεδαιμονίων ἢ τὴν ἐν Μαντινείᾳ πάλιν τῶν αὐτῶν τούτων, ἐν ᾗ καὶ μετήλλαξε τὸν βίον Ἐπαμεινώνδας, ἐν τούτοις ἐὰν ἐπὶ τὰ κατὰ

§ 28. μέρος ἐπιστήσας τις θεωρῇ τὰς ἐκτάξεις καὶ μετατάξεις τὰς
κατ᾽ αὐτοὺς τοὺς κινδύνους, γελοῖος φαίνεται καὶ ἀόρατος
τῶν τοιούτων ὤν. ὁ μὲν οὖν ἐν τοῖς Λεύκτροις κίνδυνος
ἁπλοῦς γεγονὼς καὶ καθ᾽ ἕν τι μέρος τῆς δυνάμεως οὐ λίαν
ἐκφανῆ ποιεῖ τὴν τοῦ συγγραφέως ἀπειρίαν· ὁ δὲ περὶ Μαν-
τίνειαν τὴν μὲν ἔμφασιν ἔχει ποικίλην καὶ στρατηγικήν, ἔστι
δ᾽ ἀνυπόστατος καὶ τελέως ἀδιανόητος τῷ συγγραφεῖ. τοῦτο
δ᾽ ἔσται δῆλον, ἐάν τις τοὺς τόπους ὑποθέμενος ἀληθινῶς
ἐπιμετρῇ τὰς κινήσεις τὰς ὑπ᾽ αὐτοῦ δηλουμένας. τὸ δ᾽ αὐτὸ
συμβαίνει καὶ Θεοπόμπῳ καὶ μάλιστα Τιμαίῳ.

Das dreiszigste buch (über den phokischen krieg) ver-
faszte Demophilos, des Ephoros sohn (Müller FHG I lxi. 1. II 86ᵃ).
Diod. XVI 14. ol. 105, 4. 357. τῶν δὲ συγγραφέων Δημό-
φιλος μὲν ὁ Ἐφόρου τοῦ ἱστοριογράφου υἱὸς τὸν παραλει-
φθέντα πόλεμον ὑπὸ τοῦ πατρός, ὀνομασθέντα δὲ ἱερόν,
συντεταγμένος, ἐντεῦθεν ἦρκται ἀπὸ τῆς καταλήψεως τοῦ ἐν
Δελφοῖς ἱεροῦ καὶ τῆς συλήσεως τοῦ μαντείου ὑπὸ Φιλο-
μήλου τοῦ Φωκέως. ἐγένετο δ᾽ ὁ πόλεμος οὗτος ἔτη ἕνδεκα,
ἕως τῆς φθορᾶς τῶν διανειμαμένων τὰ ἱερὰ χρήματα.
Athen. VI p. 232ᵈ Ἔφορος δὲ ἢ Δημόφιλος ὁ υἱὸς αὐ-
τοῦ ἐν τῇ τριακοστῇ τῶν ἱστοριῶν περὶ τοῦ ἐν Δελφοῖς
ἱεροῦ λέγων φησίν (fr. 155).

Fortsetzungen der geschichte des Ephoros § 40.

§ 29. Theopompos von Chios.

Müller FHG I lxv. 258. Aug. Jul. Edm. Pflugk de Theopompi Chii
vita et scriptis. Berol. 1827. fragmenta coll. R. H. Eyssonius Wi-
chers. Lugd. B. 1829. Al. Riese jhb. 1870, 673.

Suidas: Θεόπομπος Χῖος, ῥήτωρ, υἱὸς Δαμασιστράτου,
γεγονὼς τοῖς χρόνοις κατὰ τὴν ἀναρχίαν Ἀθηναίων, ἐπὶ τῆς
Gγ᾽ ὀλυμπιάδος, ὅτε καὶ Ἔφορος· Ἰσοκράτους ἀκουστὴς ἅμα
Ἐφόρῳ. ἔγραψεν ἐπιτομὴν τῶν Ἡροδότου ἱστοριῶν ἐν βι-
βλίοις β᾽, Φιλιππικὰ ἐν βιβλίοις οβ᾽, Ἑλληνικὰς ἱστορίας·
ἕπονται δὲ ταῖς Θουκυδίδου καὶ (καθάπερ αἵ?) Ξενοφῶν-
τος, καὶ εἰσὶν ἐν βιβλίοις ια᾽, ἔχουσαι τὰ ἀπὸ τοῦ Πελο-
ποννησιακοῦ πολέμου καὶ λοιπά. ἔγραψε καὶ ἕτερα πλεῖστα.
Suid. u. Ἔφορος b. (o. s. 49) φυγὰς δὲ γενόμενος ὁ
Θεόπομπος ἱκέτης ἐγένετο τῆς Ἐφεσίας Ἀρτέμιδος. ἐπέ-
στελλέ τε πολλὰ κατὰ Χίων Ἀλεξάνδρῳ. καὶ μέντοι καὶ

αὐτὸν Ἀλέξανδρον ἐγκωμιάσας πολλὰ λέγεται καὶ ψόγον αὐ- § 29.
τοῦ γεγραφέναι, ὃς οὐ φέρεται.

Phot. bibl. cod. 176 p. 120 s. Bk. ἀνεγνώσθησαν Θεο-
πόμπου λόγοι ἱστορικοί. ν' δὲ καὶ γ' εἰσὶν οἱ σωζόμενοι αὐ-
τοῦ τῶν ἱστορικῶν λόγοι. διαπεπτωκέναι δὲ καὶ τῶν πα-
λαιῶν τινὲς ἔφησαν τήν τε ἕκτην καὶ ἑβδόμην, καὶ δὴ καὶ
τὴν ἐνάτην καὶ εἰκοστὴν καὶ τὴν τριακοστήν. ἀλλὰ ταύτας
μὲν οὐδ' ἡμεῖς εἴδομεν, Μηνοφάνης δέ τις τὰ περὶ Θεό-
πομπον διεξιών (ἀρχαῖος δὲ καὶ οὐκ εὐκαταφρόνητος ὁ ἀνήρ)
καὶ τὴν δωδεκάτην συνδιαπεπτωκέναι λέγει· καίτοι αὐτὴν
ἡμεῖς ταῖς ἄλλαις συνανέγνωμεν. — —

Ἔστι δὲ Θεόπομπος Χῖος μὲν τὸ γένος, υἱὸς Δαμοστρά-
του (Δαμασιστράτου Suid. Paus. III 10, 3), φυγεῖν δὲ λέ-
γεται τῆς πατρίδος ἅμα τῷ πατρί, ἐπὶ λακωνισμῷ τοῦ πα-
τρὸς ἁλόντος, ἀνασωθῆναι δὲ τῇ πατρίδι τελευτήσαντος
αὐτῷ τοῦ πατρός, τὴν δὲ κάθοδον Ἀλεξάνδρου τοῦ Μακε-
δόνων βασιλέως δι' ἐπιστολῶν τῶν πρὸς τοὺς Χίους κατα-
πραξαμένου· ἐτῶν δὲ εἶναι τότε τὸν Θεόπομπον ε' καὶ μ'.
μετὰ δὲ τὸν Ἀλεξάνδρου θάνατον πανταχόθεν ἐκπεσόντα
εἰς Αἴγυπτον ἀφικέσθαι, Πτολεμαῖον δὲ τὸν ταύτης βασιλέα
οὐ προσίεσθαι τὸν ἄνδρα, ἀλλὰ καὶ ὡς πολυπράγμονα ἀνε-
λεῖν ἐθελῆσαι, εἰ μή τινες τῶν φίλων παραιτησάμενοι διε-
σώσαντο.

Συνακμάσαι δὲ λέγει αὐτὸς ἑαυτὸν Ἰσοκράτει τε τῷ
Ἀθηναίῳ (Ἀμύκλα oder Ἀπολλωνιάτῃ vgl. u. s. 58 f.) καὶ
Θεοδέκτῃ τῷ Φασηλίτῃ καὶ Ναυκράτει τῷ Ἐρυθραίῳ, καὶ
τούτους ἅμ' αὐτῷ τὰ πρωτεῖα τῆς ἐν λόγοις παιδείας ἔχειν
ἐν τοῖς Ἕλλησιν· ἀλλ' Ἰσοκράτην μὲν δι' ἀπορίαν βίου καὶ
Θεοδέκτην μισθοῦ λόγους γράφειν καὶ σοφιστεύειν, ἐκπαι-
δεύοντας τοὺς νέους κἀκεῖθεν καρπουμένους τὰς ὠφελείας,
αὐτὸν δὲ καὶ Ναυκράτην αὐταρκῶς ἔχοντας ἐν τούτοις ἀεὶ
τὴν διατριβὴν ἐν τῷ φιλοσοφεῖν καὶ φιλομαθεῖν ποιεῖσθαι.
καὶ ὡς οὐκ ἂν εἴη αὐτῷ παράλογον ἀντιποιουμένῳ τῶν πρω-
τείων, οὐκ ἐλαττόνων μὲν ἢ δισμυρίων ἐπῶν τοὺς ἐπιδει-
κτικοὺς τῶν λόγων συγγραψαμένῳ, πλείους δ' ἢ ιε' μυριά-
δας, ἐν οἷς τάς τε τῶν Ἑλλήνων καὶ βαρβάρων πράξεις
μέχρι νῦν ἀπαγγελλομένας ἔστι λαβεῖν· ἔτι δὲ καὶ διότι οὐ-
δείς ἐστι τόπος κοινὸς τῶν Ἑλλήνων οὐδὲ πόλις ἀξιόχρεως,
εἰς οὓς αὐτὸς οὐκ ἐπιδημῶν καὶ τὰς τῶν λόγων ἐπιδείξεις
ποιούμενος οὐχὶ μέγα κλέος καὶ ὑπόμνημα τῆς ἐν λόγοις

§ 29. ἑαυτοῦ κατέλιπεν ἀρετῆς. ταῦτα αὐτὸς περὶ αὑτοῦ λέγων τοὺς ἐν τοῖς ἔμπροσθεν χρόνοις ἔχοντας ἐν λόγοις τὸ πρωτεύειν πολὺ καταδεεστέρους ἀποφαίνεται τῶν καθ᾽ ἑαυτὸν οὐδὲ τῆς δευτέρας τάξεως ἀξιουμένων, καὶ τοῦτο δῆλον εἶναί φησι καὶ ἐξ αὐτῶν τῶν παρ᾽ ἑκατέροις ἐκπεπονημένων καὶ καταλελειμμένων λόγων· πολλὴν γὰρ τὴν τοιαύτην παίδευσιν ἐπίδοσιν λαβεῖν κατὰ τὴν αὑτοῦ ἡλικίαν.

— — Φασὶ δὲ αὐτόν τε καὶ Ἔφορον Ἰσοκράτους γενέσθαι μαθητάς — καὶ τὰς ἱστορικὰς δ᾽ ὑποθέσεις τὸν διδάσκαλον αὐτοῖς προβαλεῖν, τὰς μὲν ἄνω τῶν χρόνων Ἐφόρῳ, Θεοπόμπῳ δὲ τὰς μετὰ Θουκυδίδην Ἑλληνικάς, πρὸς τὴν ἑκατέρου φύσιν καὶ τὸ ἔργον ἁρμοσάμενον. —

Πλείσταις μὲν οὖν παρεκβάσεσι παντοδαπῆς ἱστορίας τοὺς ἱστορικοὺς αὑτοῦ λόγους Θεόπομπος παρατείνει. διὸ καὶ Φίλιππος ὁ πρὸς Ῥωμαίους πολεμήσας, ἐξελὼν ταύτας καὶ τὰς Φιλίππου συνταξάμενος πράξεις, αἳ σκοπός εἰσι Θεοπόμπῳ, εἰς ιϛ´ βίβλους μόνας, μηδὲν παρ᾽ ἑαυτοῦ προσθεὶς ἢ ἀφελὼν πλὴν — τῶν παρεκτροπῶν, τὰς πάσας ἀπήρτισεν. —

Dionys. H. schr. an Cn. Pompeius 6 p. 782—787 Θεόπομπος δ᾽ ὁ Χῖος, ἐπιφανέστατος πάντων τῶν Ἰσοκράτους μαθητῶν γενόμενος καὶ πολλοὺς μὲν πανηγυρικοὺς πολλοὺς δὲ συμβουλευτικοὺς συνταξάμενος λόγους ἐπιστολάς τε τὰς Χιακὰς ἐπιγραφομένας καὶ ὑποθήκας ἄλλας, λόγου δ᾽ ἀξίαν ἱστορίαν πεπραγματευμένος ἄξιός ἐστιν ἐπαινεῖσθαι, πρῶτον μὲν τῆς ὑποθέσεως τῶν ἱστοριῶν· καλαὶ γὰρ ἀμφότεραι, ἡ μὲν τὰ λοιπὰ τοῦ Πελοποννησιακοῦ πολέμου περιέχουσα ἡ δὲ τὰ Φιλίππῳ πεπραγμένα· ἔπειτα τῆς οἰκονομίας· ἀμφότεραι γάρ εἰσιν εὐπαρακολούθητοι καὶ σαφεῖς· μάλιστα δὲ τῆς ἐπιμελείας τε καὶ φιλοπονίας τῆς κατὰ τὴν συγγραφήν. δῆλος γάρ ἐστιν, εἰ καὶ μηδὲν ἔγραψε, πλείστην μὲν παρασκευὴν εἰς ταῦτα παρεσκευασμένος, μεγίστας δὲ δαπάνας εἰς τὴν συναγωγὴν αὐτῶν τετελεκώς· καὶ πρὸς τούτοις πολλῶν μὲν αὐτόπτης γεγενημένος, πολλοῖς δ᾽ εἰς ὁμιλίαν ἐληλυθὼς ἀνδράσι τοῖς τότε πρωτεύουσι δημαγωγοῖς τε καὶ στρατηγοῖς καὶ φιλοσόφοις διὰ τὴν συγγραφήν· οὐ γὰρ ὥσπερ τινὲς πάρεργον τοῦ βίου τὴν ἀναγραφὴν τῆς ἱστορίας ἐποιήσατο, ἔργον δὲ τὸ πάντων ἀναγκαιότατον. γνοίη δ᾽ ἄν τις αὐτοῦ τὸν πόνον ἐνθυμηθεὶς τὸ πολύμορφον τῆς γραφῆς. καὶ γὰρ ἐθνῶν εἴρηκεν οἰκισμοὺς καὶ πόλεων κτί-

σεις ἐπελήλυθε, βασιλέων τε βίους καὶ τόπων ἰδιώματα δε- § 29.
δήλωκε, καὶ εἴ τι θαυμαστὸν ἢ παράδοξον ἑκάστη γῆ καὶ
θάλασσα φέρει συμπεριείληφε τῇ πραγματείᾳ. καὶ μηδεὶς
ὑπολάβῃ ψυχαγωγίαν ταῦτ' εἶναι μόνον, οὐ γὰρ οὕτως ἔχει,
ἀλλὰ πᾶσαν ὡς ἔπος εἰπεῖν ὠφέλειαν παρέχει. ἵνα δὲ πάντ'
ἀφῶ τἆλλα, τίς οὐχ ὁμολογήσει τοῖς ἀσκοῦσι τὴν φιλόσοφον
ῥητορικὴν ἀναγκαῖον εἶναι πολλὰ μὲν ἔθη καὶ βαρβάρων
καὶ Ἑλλήνων ἐκμαθεῖν, πολλοὺς δὲ νόμους [ἀκοῦσαι] καὶ
πολιτειῶν σχήματα καὶ βίους ἀνδρῶν καὶ πράξεις καὶ τέλη
(ἤθη Herwerden) καὶ τύχας. τούτων τοίνυν ἅπασαν ἀφθο-
νίαν δέδωκεν, οὐκ ἀπεσπασμένην τῶν πραγμάτων ἀλλὰ συμ-
παροῦσαν. πάντα δὴ ταῦτα ζηλωτὰ τοῦ συγγραφέως καὶ
ἔτι πρὸς τούτοις ὅσα φιλοσοφεῖ παρ' ὅλην τὴν ἱστορίαν. περὶ
δικαιοσύνης καὶ εὐσεβείας καὶ τῶν ἄλλων ἀρετῶν πολλοὺς
καὶ καλοὺς διεξερχόμενος λόγους. τελευταῖόν ἐστι τῶν ἔρ-
γων αὐτοῦ καὶ χαρακτηριστικώτατον, ὅπερ οὐδενὶ τῶν ἄλ-
λων συγγραφέων οὕτως ἀκριβῶς ἐξείργασται καὶ δυνατῶς
οὔτε τῶν πρεσβυτέρων οὔτε τῶν νεωτέρων· τί δὲ τοῦτ' ἔστι;
τὸ καθ' ἑκάστην πρᾶξιν μὴ μόνον τὰ φανερὰ τοῖς πολλοῖς
ὁρᾶν καὶ λέγειν, ἀλλ' ἐξετάζειν καὶ τὰς ἀφανεῖς αἰτίας τῶν
πράξεων καὶ τῶν πραξάντων τὰς διανοίας καὶ τὰ πάθη τῆς
ψυχῆς, ἃ μὴ ῥᾴδια τοῖς πολλοῖς εἰδέναι. καὶ πάντ' ἐκκαλύ-
πτειν τὰ μυστήρια τῆς τε δοκούσης ἀρετῆς καὶ τῆς ἀγνοου-
μένης κακίας. καί μοι δοκεῖ οὐδ' ὁ μυθευόμενος ἐν ᾅδου τῶν
ψυχῶν ἀπολυθεισῶν τοῦ σώματος ἐξετασμὸς ἐπὶ τῶν ἐκεῖ
δικαστῶν οὕτως ἀκριβὴς εἶναι ὡς ὁ διὰ τῆς Θεοπόμπου γρα-
φῆς γιγνόμενος. διὸ καὶ βάσκανος ἔδοξεν εἶναι προσλαμβά-
νων τοῖς ἀναγκαίοις ὀνειδισμοῖς καὶ ἄττα τῶν ἐνδόξων προσ-
ώπων οὐκ ἀναγκαῖα κατηγορήματα, ὅμοιόν τι ποιῶν τοῖς
ἰατροῖς, οἳ τέμνουσι καὶ καίουσι τὰ διεφθαρμένα τοῦ σώματος
ἕως βάθους τὰ καυτήρια καὶ τὰς τομὰς φέροντες οὐδὲ τῶν
ὑγιαινόντων καὶ κατὰ φύσιν ἐχόντων στοχαζόμενοι.
Τοιοῦτος μὲν δή τις ὁ πραγματικὸς Θεοπόμπου χαρακ-
τήρ· ὁ δὲ λεκτικὸς Ἰσοκράτει μάλιστα ἔοικε. καθαρά τε
γὰρ ἡ λέξις καὶ κοινὴ καὶ σαφὴς ὑψηλή τε καὶ μεγαλοπρεπὴς
καὶ τὸ πομπικὸν ἔχουσα πολύ, συγκειμένη τε κατὰ τὴν μέ-
σην. ἁρμονίαν, ἡδέως καὶ μαλακῶς ῥέουσα. διαλλάττει δὲ
τῆς Ἰσοκρατείου κατὰ τὴν πικρότητα καὶ τὸν τόνον ἐπ' ἐνίων,
ὅταν ἐπιτρέψῃ τοῖς πάθεσι, μάλιστα δ' ὅταν ὀνειδίσῃ ἢ πό-
λεσιν ἢ στρατηγοῖς πονηρὰ βουλεύματα καὶ πράξεις ἀδίκους.

§ 29. πολὺς γὰρ ⟨ῥεῖ⟩ ἐν τούτοις καὶ τῆς Δημοσϑένους δεινότητος
οὐδὲ κατὰ μικρὸν διαφέρει, ὡς ἐξ ἄλλων πολλῶν ἄν τις ἴδοι
κἀκ τῶν Χιακῶν ἐπιστολῶν ἃς τῷ ⟨ἐναγωνίῳ⟩ πνεύματι ἐπι-
τρέψας γέγραφεν. εἰ δ᾽ ὑπερεῖδεν [ἐν τούτοις], ἐφ᾽ οἷς
μάλιστ᾽ ἐσπούδακε, τῆς τε συμπλοκῆς τῶν φωνηέντων γραμ-
μάτων καὶ τῆς κυκλικῆς εὐρυϑμίας τῶν περιόδων καὶ τῆς
ὁμοειδείας τῶν σχηματισμῶν, πολὺ ἀμείνων ἄν ἦν αὐτὸς
ἑαυτοῦ κατὰ τὴν φράσιν. ἔστι δ᾽ ἃ καὶ κατὰ τὸν πραγμα-
τικὸν τύπον ἁμαρτάνει καὶ μάλιστα κατὰ τὰς παρεκβολάς·
οὔτε γὰρ ἀναγκαῖαί τινες αὐτῶν οὔτ᾽ ἐν καιρῷ γενόμεναι
πολὺ τὸ παιδιῶδες ἐμφαίνουσιν. ἐν αἷς ἐστὶ καὶ τὰ περὶ
Σειληνοῦ τοῦ φανέντος ἐν Μακεδονίᾳ καὶ τὰ περὶ τοῦ
δράκοντος τοῦ διαναυμαχήσαντος πρὸς τὴν τριήρη (πρὸς
τῇ τριήρει de vet. script. censura 3 p. 429) καὶ ἄλλα οὐκ
ὀλίγα ὅμοια τούτοις.

Theopomp war 45 jahre alt, als er auf fürbitten Ale-
xanders des groszen (ol. 111. 336—2) nach seiner vaterstadt
Chios zurückberufen wurde: folglich ist er nicht früher als
ol. 100. 380 geboren. um diese zeit bestand ein bündnis
zwischen Chios und Athen: sobald dieses ol. 100, 3. 377 zu
einem trutzbündnisse der griechischen seestaaten gegen Sparta
erweitert wurde (Schaefer Dem. u. s. z. I 23), werden die
führer der demokratie die vertreibung der lakonischen partei
bewirkt haben.

Quint. X 1, 74 *Theopompus his (Thucydidi et Herodoto)
proximus ut in historia praedictis minor ita oratori magis simi-
lis, ut qui antequam est ad hoc opus sollicitatus diu fuerit
orator.*

Theopompos verfaszte eine lobrede auf Maussolos von
Karien († ol. 107, 2. 351) und gewann den von dessen wittwe
Artemisia ausgesetzten preis. Gell. X 18, 6 *ad eas laudes
decertandas venisse dicuntur viri nobiles ingenio atque lingua
praestabili, Theopompus Theodectes Naucrates; sunt etiam qui
Isocratem ipsum cum his certavisse memoriae mandaverint. sed
eo certamine vicisse Theopompum iudicatum est: is fuit Isocratis
discipulus. extat nunc quoque Theodecti tragoedia quae inscri-
bitur Mausolus.* Vit. X or. 838ᵇ. Porphyr. b. Euseb. praep.
ev. X 3, 5 p. 464ᶜ (ὁ Θεόπομπος) ὑπερφρονεῖ τὸν Ἰσοκρά-
την καὶ νενικῆσϑαι ὑφ᾽ ἑαυτοῦ λέγει κατὰ τὸν ἐπὶ Μαυ-
σώλῳ ἀγῶνα τὸν διδάσκαλον. nicht der Athener Isokrates,

sondern Isokrates von Apollonia bewarb sich um den preis § 29.
nach Suidas u. *Θεοδέκτης — Φασηλίτης· — ούτος και ο Ερυθραίος Ναυκράτης και Ισοκράτης ο ρήτωρ ο Απολλωνιάτης και Θεόπομπος επί της ρς' ολυμπιάδος είπον επιτάφιον επί Μαυσώλω —, και ενίκησε μάλιστα ευδοκιμήσας εν ή είπε τραγωδία· άλλοι δέ φασι Θεόπομπον έχειν τα πρωτεία.* vgl. Suid. u. *Ισοκράτης Αμύκλα.* Sauppe z. f. d. AW.
1835 s. 411.
Über die verhältnisse von Chios in der zeit Alexanders
s. Demosth. u. s. z. III^a 45, 3. 157. 162 — 4. 168—170 und
die von Kirchhoff Ber. d. Berl. Ak. 1863 s. 265 ff. herausgegebene inschrift. ol. 112, 1. 332 ward Chios von den
oligarchen und der anderthalb jahre früher eingelegten persischen besatzung befreit und von makedonischen truppen
besetzt.

Zu Chios stand Theokritos im gegensatze zu den anhängern der makedonischen partei und persönlich zu Theopomp. vgl. a. a. o. III^a 322. Müller FHG II 86. Strab. XIV
p. 645 *άνδρες δε Χίοι γεγόνασιν ελλόγιμοι Ίων τε ο τραγικός και Θεόπομπος ο συγγραφεύς και Θεόκριτος ο σοφιστής· ούτοι δε και αντεπολιτεύσαντο αλλήλοις.* Theopomp trug
Alexander nach dessen rückkehr aus Indien brieflich seine
beschwerden vor. fr. 276—278 *η προς Αλέξανδρον επιστολή, αι περί της Χίου* oder *αι Χιακαι επιστολαί;* vgl. Dionys.
a. a. O. (p. 782. 786). nach Alexanders tode muste Theopomp
flüchten und fand schlieszlich aufnahme bei Ptolemaeos von
Ägypten, wenn Photios sich genau ausdrückt (*Πτολ. τον ταύτης βασιλέα*), nicht vor ol. 118, 2. 306.

Theopomps historische schriften:

Ελληνικά 12 bb.

Diod. XIII 42. ol. 92, 2. 411 — *Ξενοφών δε και Θεόπομπος αφ' ων απέλιπε Θουκυδίδης την αρχήν πεποίηνται, Θεόπομπος δε τας Ελληνικάς πράξεις διελθών επ' έτη επτακαίδεκα καταλήγει την ιστορίαν εις την περί Κνίδον ναυμαχίαν εν βίβλοις δυοκαίδεκα.* XIV 84, ol. 96, 2. 395/4. *Θεόπομπος δ' ο Χίος την των Ελληνικών σύνταξιν κατέστροφεν εις τούτον τον ενιαυτον και εις την περί Κνίδον ναυμαχίαν* (ol. 96, 3. 394), *γράψας βίβλους δώδεκα. ο δε συγγραφεύς ούτος ήρκται μεν από της περί Κυνος σήμα ναυ-*

§ 29. μαχίας, εἰς ἣν Θουκυδίδης κατέληξε τὴν πραγματείαν, ἔγραψε δὲ χρόνον ἐτῶν δεκαεπτά. vgl. o. s. 30 f.

Die Hellenika sind benutzt von Plutarch im leben des Lysander und des Agesilaos.

Φιλιππικά 58 bb. (mit den Hellenika 70 bb.).

Diod. XVI 3. ol. 105, 1. 360/59 τῶν δὲ συγγραφέων Θεόπομπος ὁ Χῖος τὴν ἀρχὴν τῶν περὶ Φίλιππον ἱστοριῶν ἐντεῦθεν ποιησάμενος γέγραφε βίβλους ὀκτὼ πρὸς ταῖς πεντήκοντα, ἐξ ὧν πέντε διαφωνοῦσιν. vgl. Photios o. s. 55.

" Polyb. VIII 11 μάλιστα δ᾽ ἄν τις ἐπιτιμήσειε περὶ τοῦτο τὸ μέρος Θεοπόμπῳ· ὅς γ᾽ ἐν ἀρχῇ τῆς περὶ Φιλίππου συντάξεως διὰ τοῦτο μάλιστα παρορμηθῆναι φήσας πρὸς τὴν ἐπιβολὴν τῆς πραγματείας διὰ τὸ μηδέποτε τὴν Εὐρώπην ἐνηνοχέναι τοιοῦτον ἄνδρα τὸ παράπαν οἷον τὸν Ἀμύντου Φίλιππον, μετὰ ταῦτα παρὰ πόδας ἔν τε τῷ προοιμίῳ καὶ παρ᾽ ὅλην δὲ τὴν ἱστορίαν ἀκρατέστατον μὲν αὐτὸν ἀποδείκνυσι πρὸς γυναῖκας, ὥστε καὶ τὸν ἴδιον οἶκον ἐσφαλκέναι τὸ καθ᾽ αὑτὸν διὰ τὴν πρὸς τοῦτο τὸ μέρος ὁρμὴν καὶ παράστασιν, ἀδικώτατον δὲ καὶ κακοπραγμονέστατον περὶ τὰς τῶν φίλων καὶ συμμάχων κατασκευάς, πλείστας δὲ πόλεις ἐξηνδραποδισμένον καὶ πεπραξικοπηκότα μετὰ δόλου καὶ βίας, ἐκπαθῆ δὲ γεγονότα καὶ πρὸς τὰς ἀκρατοποσίας, ὥστε καὶ μεθ᾽ ἡμέραν πλεονάκις μεθύοντα καταφανῆ γενέσθαι τοῖς φίλοις. εἰ δέ τις ἀναγνῶναι βουληθείη τὴν ἀρχὴν τῆς ἐνάτης καὶ τετταρακοστῆς αὐτῷ βίβλου, πανταπασιν ἂν θαυμάσαι τὴν ἀτοπίαν τοῦ συγγραφέως κτέ. c. 13 — τὴν δὲ Θεοπόμπου (πικρίαν) μηδ᾽ ὑπὸ λόγον πίπτειν. προθέμενος γὰρ ὡς περὶ βασιλέως εὐφυεστάτου πρὸς ἀρετὴν γεγονότος οὐκ ἔστι τῶν αἰσχρῶν καὶ δεινῶν ὃ παραλέλοιπε. λοιπὸν ἢ περὶ τὴν ἀρχὴν καὶ προέκθεσιν τῆς πραγματείας ἀνάγκη ψεύστην καὶ κόλακα φαίνεσθαι τὸν ἱστοριογράφον ἢ περὶ τὰς κατὰ μέρος ἀποφάσεις ἀνόητον καὶ μειρακιώδη τελέως, εἰ διὰ τῆς ἀλόγου καὶ ἐπικλήτου λοιδορίας ὑπέλαβε πιστότερος μὲν αὐτὸς φανήσεσθαι, παραδοχῆς δὲ μᾶλλον ἀξιωθήσεσθαι τὰς ἐγκωμιαστικὰς ἀποφάσεις αὐτοῦ περὶ Φιλίππου.

Καὶ μὴν οὐδὲ περὶ τὰς ὁλοσχερεῖς διαλήψεις οὐδεὶς ἂν εὐδοκήσειε τῷ προειρημένῳ συγγραφεῖ, ὅς γε ἐπιβαλόμενος γράφειν τὰς Ἑλληνικὰς πράξεις ἀφ᾽ ὧν Θουκυδίδης ἀπέλιπε, καὶ συνεγγίσας τοῖς Λευκτρικοῖς καιροῖς καὶ τοῖς ἐπιφανεστάτοις τῶν Ἑλληνικῶν ἔργων, τὴν μὲν Ἑλλάδα μεταξὺ καὶ § 29. τὰς ταύτης ἐπιβολὰς ἀπέρριψε, μεταλαβὼν δὲ τὴν ὑπόθεσιν τὰς Φιλίππου πράξεις προύθετο γράφειν. καίτοι γε πολλῷ σεμνότερον ἦν καὶ δικαιότερον τῇ περὶ τῆς Ἑλλάδος ὑποθέσει τὰ πεπραγμένα Φιλίππῳ συμπεριλαβεῖν ἤπερ ἐν τῇ Φιλίππου τὰ τῆς Ἑλλάδος κτέ. Dionys. arch. I 1 οὔτ' ἐν τοῖς ἰδίοις μέλλων πλεονάζειν ἐπαίνοις — οὔτε διαβολὰς καθ' ἑτέρων ἐγνωκὼς ποιεῖσθαι συγγραφέων, ὥσπερ Ἀναξιμένης καὶ Θεόπομπος ἐν τοῖς προοιμίοις τῶν ἱστοριῶν ἐποίησαν. Strab. I p. 43 Θεόπομπος — φήσας ὅτι καὶ μύθους ἐν ταῖς ἱστορίαις ἐρεῖ, κρεῖττον ἢ ὡς Ἡρόδοτος καὶ Κτησίας καὶ Ἑλλάνικος καὶ οἱ τὰ Ἰνδικὰ συγγράψαντες. Cic. de legg. I 1, 5 et apud Herodotum patrem historiae et apud Theopompum sunt innumerabiles fabulae. Aelian. var. hist. III 18 (fr. 76) περιηγεῖταί τινα Θεόπομπος (ἐν τῇ ή τῶν Φιλιππικῶν Theon progymn. 2 p. 159) συνουσίαν Μίδου τοῦ Φρυγὸς καὶ Σειληνοῦ. — καὶ ταῦτα εἴ τῳ πιστὸς ὁ Χῖος λέγων, πεπιστεύσθω· ἐμοὶ δὲ δεινὸς εἶναι δοκεῖ μυθολόγος καὶ ἐν τούτοις καὶ ἐν ἄλλοις δέ. Theon. progymn. 4 p. 185 παραιτητέον δὲ καὶ τὸ παρεκβάσεις ἐπεμβάλλεσθαι μεταξὺ διηγήσεως μακράς. οὐ γὰρ ἁπλῶς χρὴ πᾶσαν παραιτεῖσθαι, καθάπερ ὁ Φίλιστος· ἀναπαύει γὰρ τὴν διάνοιαν τῶν ἀκροατῶν· ἀλλὰ τὴν τηλικαύτην τὸ μῆκος ἥτις ἀπαλλοτριοῖ τὴν διάνοιαν τῶν ἀκροωμένων ὥστε δεῖσθαι πάλιν ὑπομνήσεως τῶν προειρημένων, ὡς Θεόπομπος ἐν ταῖς Φιλιππικαῖς. δύο γάρ που καὶ τρεῖς καὶ πλείους ἱστορίας ὅλας κατὰ παρέκβασιν εὑρίσκομεν, ἐν αἷς οὐχ ὅπως Φιλίππου, ἀλλ' οὐδὲ Μακεδόνος τινὸς ὄνομά ἐστιν. Polyb. XXXIX 1b διὸ καὶ τῶν ἀρχαίων συγγραφέων οἱ λογιώτατοι δοκοῦσί μοι προσαναπεπαῦσθαι τῷ τρόπῳ τούτῳ, τινὲς μὲν οὖν μυθικαῖς καὶ διηγηματικαῖς κεχρημένοι παρεκβάσεσι, τινὲς δὲ καὶ πραγματικαῖς, ὥστε μὴ μόνον ἐν αὐτοῖς τοῖς κατὰ τὴν Ἑλλάδα τόποις ποιεῖσθαι τὰς μεταβάσεις ἀλλὰ καὶ τῶν ἐκτὸς περιλαμβάνειν. λέγω δὲ οἷον ἐπειδὰν τὰ κατὰ τὴν Θετταλίαν ἐξηγούμενοι καὶ τὰς Ἀλεξάνδρου τοῦ Φεραίου πράξεις μεταξὺ τὰς κατὰ Πελοπόννησον τῶν Λακεδαιμονίων ἐπιβολὰς διηγῶνται καὶ πάλιν τὰς [ἀπ'] Ἀθηναίων, ἔτι δὲ τὰς κατὰ Μακεδονίαν ἢ τὴν Ἰλλυρίδα, κἄπειτα

§ 29. διατρίψαντες λέγωσι τὴν Ἰφικράτους εἰς Αἴγυπτον στρατείαν
καὶ τὰ Κλεάρχῳ πραχθέντα παρανομήματα κατὰ τὸν Πόντον.
ἐξ ὧν κεχρημένους μὲν ἅπαντας εὖροι τις ἄν τῷ τοιούτῳ
χειρισμῷ, κεχρημένους γε μὴν ἀτάκτως . . . . ἐκεῖνοι μὲν
γὰρ μνησθέντες, πῶς Βάρδυλις ὁ τῶν Ἰλλυριῶν βασιλεύς
καὶ Κερσοβλέπτης ὁ τῶν Θρακῶν κατεκτήσαντο τὰς δυνα-
στείας, οὐκέτι προστιθέασι τὸ συνεχὲς οὐδ' ἀνατρέχουσιν
ἐπὶ τἀκόλουθον ἐκ διαστήματος, ἀλλὰ καθάπερ ἐν ποιήματι
χρησάμενοι πάλιν ἐπανάγουσιν ἐπὶ τὰς ἐξ ἀρχῆς ὑποθέσεις.
Plutarch. reip. ger. praec. 6 p. 803ᵇ ἐπὶ δὲ τῶν Ἐφό-
ρου καὶ Θεοπόμπου καὶ Ἀναξιμένους ῥητορειῶν καὶ περιό-
δων, ἃς περαίνουσιν ἐξοπλίσαντες τὰ στρατεύματα καὶ παρα-
τάξαντες, ἔστιν εἰπεῖν 'οὐδεὶς σιδήρου ταῦτα μωραίνει πέλας'.
Abschnitte des 8n buchs werden u. d. t. Θεόπομπος ἐν
τοῖς θαυμασίοις (fr. 70. 79), Θ. ἐν ταῖς ἱστορίαις, ἐπιτρέχων
τὰ κατὰ τόπους θαυμάσια (fr. 69) angeführt, des 10n buchs
u. d. t. ἐν τῷ περὶ δημαγωγῶν fr. 102. fr. 95 bei Athen. IV
p. 166ᵈ Θ. δ' ἐν τῇ ί τῶν Φιλιππικῶν, ἀφ' ἧς τινὲς τὸ τελευ-
ταῖον μέρος χωρίσαντες ἐν ᾧ ἐστὶ τὰ (ἐπέγραψαν?) περὶ τῶν
Ἀθήνησι δημαγωγῶν. Einen späteren abschnitt citiert Athen.
XII p. 532ᵈ. XIII p. 604ᶠ Θ. ἐν τῷ περὶ τῶν συληθέν-
των ἐκ Δελφῶν χρημάτων (fr. 182 s.). Theon progymn. 8
p. 229 citiert Θ. ἐν τῷ Φιλίππου ἐγκωμίῳ. 2 p. 164 ἔχο-
μεν δὲ — καὶ Θεοπόμπου τὸ Φιλίππου ἐγκώμιον καὶ Ἀλεξάν-
δρου.

Diod. XVI 71 (ol. 109, 2. 343) τῶν δὲ συγγραφέων
Θεόπομπος ὁ Χῖος ἐν τῇ τῶν Φιλιππικῶν ἱστορίᾳ κατέταξε
τρεῖς βίβλους περιεχούσας Σικελικὰς πράξεις· ἀρξάμενος δὲ
ἀπὸ τῆς Διονυσίου τοῦ πρεσβυτέρου τυραννίδος διῆλθε χρό-
νον ἐτῶν πεντήκοντα (?), καὶ κατέστρεψεν εἰς τὴν ἔκπτωσιν
Διονυσίου τοῦ νεωτέρου. εἰσὶ δὲ αἱ βίβλοι τρεῖς, ἀπὸ τῆς
πρώτης καὶ τεσσαρακοστῆς ἄχρι τῆς τρίτης καὶ τεσσαρακο-
στῆς (vielmehr XXXIX—XLI).

Plin. XII III 57 *Theopompus, ante quem nemo mentionem
habuit (Romanorum), urbem dumtaxat a Gallis captam dixit,
Clitarchus ab eo proxumus legationem tantum ad Alexandrum
missam.*

Aus fr. 334 u. 108 (Pollux V 42. Plut. Dem. 26) ergibt
sich, dass Theopomp die Philippika nach 324 herausgab.

Athen. III p. 85ᵃ (fr. 200) τούτοις εἴ τις ἀπιστεῖ, μαθέτω

καὶ παρὰ Θεοπόμπου τοῦ Χίου, ἀνδρὸς φιλαλήθους καὶ πολλὰ § 29.
χρήματα καταναλώσαντος εἰς τὴν περὶ τῆς ἱστορίας ἐξέτασιν
ἀκριβῆ.

Plut. Lysandr. 30 Θεόπομπος, ᾧ μᾶλλον ἐπαινοῦντι πι-
στεύσειεν ἄν τις ἢ ψέγοντι· ψέγει γὰρ ἥδιον ἢ· ἐπαινεῖ.

Lukian. πῶς δεῖ ἱστορ. συγγρ. 59 — τὴν αὐτὴν Θεοπόμπῳ
αἰτίαν ἕξεις φιλαπεχθημόνως κατηγοροῦντι τῶν πλείστων,
καὶ διατριβὴν ποιουμένῳ τὸ πρᾶγμα, ὡς κατηγορεῖν μᾶλλον
ἢ ἱστορεῖν τὰ πεπραγμένα.

Nepos Alcib. 11 *Theopompus — et Timaeus — duo male-
dicentissimi.*

Fr. 297 bei Athen. VI 254[b] (ἡ Ἀθηναίων πόλις) ἦν ὁ μὲν
Πύθιος ἑστίαν τῆς Ἑλλάδος ἀνεκήρυξε, πρυτανεῖον δὲ τῆς
Ἑλλάδος ὁ δυσμενέστατος Θεόπομπος, ὁ φήσας ἐν ἄλλοις
πλήρεις εἶναι τὰς Ἀθήνας διονυσοκολάκων καὶ ναυτῶν καὶ
λωποδυτῶν, ἔτι δὲ ψευδομαρτύρων καὶ συκοφαντῶν καὶ
ψευδοκλητήρων.

Theopomps Philippika wurden ausgeschrieben von Plu-
tarch, Trogus Pompejus (der sein eigenes werk *historiae Phi-
lippicae* benannte) und als eine encyklopädie des wissenswer-
then von schriftstellern aller art ausgebeutet.

§ 30. Deinon von Kolophon.

Müller FHG II 88.

Περσικά, ein weitläufiges werk in mehreren abteilungen
(fr. 8 Δείνων ἐν τῷ πρώτῳ τῆς τρίτης συντάξεως). Deinon
schrieb um die zeit der züge Alexanders die geschichte der
groszreiche Asiens und die wunder Indiens. Sein werk gieng
von der gründung des assyrischen reiches (fr. 1 über Se-
miramis) bis zur eroberung Ägyptens durch Artaxerxes III
Ochos (fr. 30) herab, also bis ol. 110, 1. 340/39.

Corn. Nep. Conon 5 *Dinon historicus, cui nos plurimum
de Persicis rebus credimus, effugisse (Cononem) scripsit; illud
addubitat utrum Tiribazo sciente an imprudente sit factum.*

Cic. de divin. I 23, 46 *quid ego, quae magi Cyro illi
principi interpretati sunt ex Dinonis Persicis proferam ss.*

Plin. NH X 136 *nec sirenes impetraverint fidem, adfirmet
licet Dinon, Clitarchi celebrati auctoris pater, in India esse mul-
cerique earum cantu quos gravatos somno lacerent.* vgl. Kleitarch.
fr. 18 (b. Aelian. hist. anim. XVII 22).

§ 30.   Plinius führt unter seinen gewährsmännern auf: l. VIII.
X. XIV. XV. XVII. XVIII. *Dinone Colophonio.* XII. XIII.
Dinone. vgl. O. Schneider ind. zu Silligs ausgabe u. Dion.

Deinons persische geschichte war eine quelle für Trogus
Pompejus (Hil. Wolffgarten s. o. s. 53) Plutarch (namentlich im
leben des Artaxerxes), Athenaeos, Aelian.

-

Scriptores historiarum Alexandri M. aetate suppares ill. Rob. Geier.
    Lips. 1844.
Scriptores rerum Alexandri M. fragmenta collegit Car. Müller. Paris.
    Didot. 1846 (anhang zu Arrian. ed. Dübner).
St. Croix examen critique des historiens d'Alexandre le Grand. Paris
    1804. 4. Alfr. Schöne, de rer. Al. M. scriptorum inprimis Arriani
    et Plutarchi fontibus. Lips. 1870 u. dazu jahrb. 1870. 433.

Strab. XI p. 508 — οὐδὲ τοῖς περὶ Ἀλεξάνδρου συγγράψασι ῥᾴ-
διον πιστεύειν τοῖς πολλοῖς· καὶ γὰρ οὗτοι ῥᾳδιουργοῦσι διά τε τὴν
δόξαν τὴν Ἀλεξάνδρου καὶ διὰ τὸ τὴν στρατείαν πρὸς τὰς ἐσχατιὰς γε-
γονέναι τῆς Ἀσίας πόρρω ἀφ᾽ ἡμῶν· τὸ δὲ πόρρω δυσέλεγκτον.

§ 31. Kallisthenes von Olynth.

Müller scr. r. Al. M. p. 1. Ant. Westermann de Callisthene comm. p. I.
    11 1--3. Lips. 1838—42. 4.

Suidas: *Καλλισθένης Δημοτίμου (οἱ δὲ Καλλισθένους)
Ὀλύνθιος, μαθητὴς Ἀριστοτέλους καὶ ἀνεψιαδοῦς, ὃν ἔδωκεν
ἔπεσθαι Ἀλεξάνδρῳ τῷ Μακεδόνι. ὁ δὲ ἐν γαλεάγρᾳ σι-
δηρᾷ βαλὼν ἀνεῖλε ἅμα Νεόφρονι τῷ τραγικῷ, διότι συνε-
βούλευε μὴ ἐπιζητεῖν ὑπὸ Ἀθηναίων καλεῖσθαι δεσπότης. τι-
νὲς δὲ αὐτὸν ὡς ἐπιβουλεύοντα Ἀλεξάνδρῳ ἀνῃρῆσθαί φα-
σιν ἅμα Νεόφρονι.* —

Plut. Alex. 55 *ἐτέθραπτο Καλλισθένης παρ᾽ αὐτῷ (Ἀρι-
στοτέλει) διὰ τὴν συγγένειαν, ἐξ Ἱεροῦς γεγονὼς ἀνεψιᾶς
Ἀριστοτέλους.* 53 *τοὺς δ᾽ ἄλλους σοφιστὰς καὶ κόλακας ὁ
Καλλισθένης ἐλύπει σπουδαζόμενος μὲν ὑπὸ τῶν νέων διὰ
τὸν λόγον, οὐχ ἧττον δὲ τοῖς πρεσβυτέροις ἀρέσκων διὰ τὸν
βίον εὔτακτον ὄντα καὶ σεμνὸν καὶ αὐτάρκη καὶ βεβαιοῦντα
τὴν λεγομένην τῆς ἀποδημίας πρόφασιν, ὅτι τοὺς πολίτας
καταγαγεῖν καὶ κατοικίσαι πάλιν τὴν πατρίδα φιλοτιμούμε-
νος ἀνέβη πρὸς Ἀλέξανδρον· φθονούμενος δὲ διὰ τὴν δό-
ξαν, ἔστιν ἃ καὶ καθ᾽ αὑτοῦ τοῖς διαβάλλουσι παρεῖχε τάς τε
κλήσεις τὰ πολλὰ διωθούμενος, ἐν δὲ τῷ συνεῖναι βαρύ-*

τητι καὶ σιωπῇ δοκῶν οὐκ ἐπαινεῖν οὐδὲ ἀρέσκεσθαι τοῖς § 31. γινομένοις. de stoic. repugn. 20 p. 1043ᵈ Καλλισθένει τινὲς ἐγκαλοῦσιν ὅτι πρὸς Ἀλέξανδρον ἔπλευσεν ἐλπίζων ἀναστήσειν Ὄλυνθον, ὡς Στάγειρα Ἀριστοτέλης. Iustin. XII 6, 17 multum profuere Callisthenis philosophi preces, condiscipulatu apud Aristotelem familiaris illi (Alexandro) et tunc ab ipso rege ad prodenda memoriae acta eius accitus. Diog. L. V 4 ἐπειδὴ δὲ ἐδόκει (Ἀριστοτέλης) ἐπιεικῶς αὐτῷ συγγεγενῆσθαι Ἀλεξάνδρῳ, ἀπῆρεν εἰς Ἀθήνας, συστήσας αὐτῷ τὸν συγγενῆ Καλλισθένη τὸν Ὀλύνθιον.

Historische schriften: Ἑλληνικά 10 bb.; geschichte des phokischen kriegs; Alexanders kriegszug in Asien. Diod. XIV 117. ol. 98, 2. 387 Καλλισθένης δ' ὁ ἱστοριογράφος τὴν τῶν Ἑλληνικῶν σύνταξιν ἀπὸ τῆς κατὰ τοῦτον τὸν ἐνιαυτὸν γενομένης εἰρήνης τοῖς Ἕλλησι πρὸς Ἀρταξέρξην τὸν τῶν Περσῶν βασιλέα [τὴν ἱστορίαν] ἦρκται γράφειν· διελθὼν δὲ τριακονταετῆ χρόνον ἔγραψε μὲν βίβλους δέκα, τὴν δὲ τελευταίαν κατέπαυσε τῆς συντάξεως εἰς τὴν ὑπὸ τοῦ Φιλομήλου τοῦ Φωκέως κατάληψιν τοῦ ἐν Δελφοῖς ἱεροῦ. XVI 14. ol. 105, 4. 357 — Καλλισθένης δὲ τὴν τῶν Ἑλληνικῶν πραγμάτων ἱστορίαν γέγραφεν ἐν βίβλοις δέκα καὶ κατέστροφεν εἰς τὴν κατάληψιν τοῦ ἱεροῦ καὶ παρανομίαν Φιλομήλου τοῦ Φωκέως.

Cic. ad fam. V 12, 2 uti multi Graeci fecerunt, Callisthenes Troicum (Phocicum Westermann) bellum, Timaeus Pyrrhi, Polybius Numantinum, qui omnes a perpetuis suis historiis ea quae dixi bella separaverunt.

Athen. XIII 560ᵇᶜ (fr. 18) καὶ ὁ Κρισαϊκὸς δὲ πόλεμος ὀνομαζόμενος, ὥς φησι Καλλισθένης ἐν τῷ περὶ τοῦ ἱεροῦ πολέμου, — δεκαετὴς ἦν.

Fr. 25 (Eustath. in Il. XIII 29) Καλλισθένης τὸ Παμφύλιον πέλαγος Ἀλεξάνδρου παριόντος . . . . ἐξυπαναστῆναι λέγει αἰσθόμενον οἷον τῆς ἐκείνου πορείας καὶ οὐδ' αὐτὸ ἀγνοῆσαν τὸν ἄνακτα, ἵνα ἐν τῷ ὑποκυρτοῦσθαί πως δοκῇ προσκυνεῖν. vgl. Plut. Alex. 17 ἡ δὲ τῆς Παμφυλίας παραδρομὴ πολλοῖς γέγονε τῶν ἱστορικῶν ὑπόθεσις γραφικὴ πρὸς ἔκπληξιν καὶ ὄγκον, ὡς θείᾳ τινὶ τύχῃ παραχωρήσασαν Ἀλεξάνδρῳ τὴν θάλασσαν.

§ 31.   Timaeos schalt Kallisthenes wegen der verherlichung Alexanders (Polyb. XII 12ᵃ διχαίως δ' αὐτὸν ὑπ' Ἀλεξάν- δρου τετευχέναι τιμωρίας, διεφθαρκότα τὴν ἐκείνου ψυχὴν καθ' ὅσον οἷός τ' ἦν). Polybios nimmt ihn in schutz (c. 23: ἀποθεοῦν — ἄνδρα τοιοῦτον ὃν πάντες μεγαλοφυέστερον ἢ κατ' ἄνθρωπον γεγονέναι τῇ ψυχῇ συγχωροῦσιν). Die ἀλογήματα in Kallisthenes' beschreibung der schlacht bei Issos kritisiert Polyb. XII 17—22.

Athen. π. μηχανημ. p. 7, 1 Wescher (fr. 19) ὁ μὲν γὰρ ἱστοριογράφος Καλλισθένης φησὶ δεῖν τὸν γράφειν τι πειρώ- μενον μὴ ἀστοχεῖν τοῦ προσώπου, ἀλλ' οἰκείως αὐτῷ τε καὶ τοῖς πράγμασι τοὺς λόγους θεῖναι.

Über Kallisthenes' gefangenschaft und tod s. Müller a. a. o. p. 3—6. Arrian. IV 14, 3 Καλλισθένην δὲ Ἀριστό- βουλος μὲν λέγει δεδεμένον ἐν πέδαις ξυμπεριάγεσθαι τῇ στρατιᾷ, ἔπειτα νόσῳ τελευτῆσαι, Πτολεμαῖος δὲ ὁ Λάγου στρεβλωθέντα καὶ κρεμασθέντα ἀποθανεῖν. — πολλὰ δὲ καὶ ἄλλα ὑπὲρ τούτων αὐτῶν ἄλλοι ἄλλως ἀφηγήσαντο.

Die citate aus angeblichen schriften von Kallisthenes in den pseudo- plutarchischen schriften περὶ ποταμῶν und περὶ παραλλήλων Ἑλληνικῶν καὶ Ῥωμαϊκῶν sind fälschungen. s. R. Hercher Plut. lib. de fluviis. Lips. 1851. praef.

Den namen des Kallisthenes trägt das in Alexandria entstandene fabelbuch über die thaten Alexanders: Καλλισθένης ἱστοριογράφος, ὁ τὰ περὶ τῶν Ἑλλήνων συγγραψάμενος. οὗτος ἱστορεῖ Ἀλεξάνδρου πράξεις. Pseudo-Callisthenes primum ed. Car. Müller. Accedit itinerarium Ale- xandri. Paris. Didot. 1846; anhang zu Arrian. ed. Dübner. Ps.-C. nach der Leidener hdschr. hgg. v. H. Meusel. Jhb. Suppl. V. 1871. Jul. Zacher, Pseudocallisthenes. forschungen zur kritik und geschichte der ältesten aufzeichnung der Alexandersage. Halle 1867.

§ 32. Anaximenes von Lampsakos.

Müller scr. r. Al. M. p. 34. (Anaximenis ars rhetorica rec. L. Spengel. Lips. 1847. Herm. Usener quaestiones Anaximeneae. Gott. 1856.)

Suidas: Ἀναξιμένης Ἀριστοκλέους Λαμψακηνός, ῥήτωρ, μαθητὴς Διογένους τοῦ Κυνὸς καὶ Ζωΐλου τοῦ Ἀμφιπολί- του γραμματικοῦ τοῦ κακίζοντος Ὅμηρον, διδάσκαλος δὲ Ἀλεξάνδρου τοῦ Μακεδόνος. εἵπετο δὲ αὐτῷ ἐν τοῖς πο- λέμοις.

Euseb. ol. 112, 4. 329 Ἀναξιμένης καὶ Ἐπίκουρος ἐγνω- ρίζετο. Diod. XV 76 erwähnt ol. 103, 3. 366 unter den damals lebenden ἄνδρες κατὰ παιδείαν ἄξιοι μνήμης Anaxi- § 32. menes neben Aristoteles und Platon.

Dion. H. Isaeos 19 p. 626 R. *Ἀναξιμένην δὲ τὸν Λαμψακηνόν, ἐν ἁπάσαις μὲν ταῖς ἰδέαις τῶν λόγων τετράγωνόν τινα εἶναι βουλόμενον· καὶ γὰρ ἱστορίας γέγραφε καὶ περὶ τοῦ ποιητοῦ συντάξεις καταλέλοιπε καὶ τέχνας ἐξενήνοχεν, ἧπται δὲ καὶ συμβουλευτικῶν καὶ δικανικῶν ἀγώνων· οὐ μέντοι τέλειόν γε ἐν οὐδεμιᾷ τούτων τῶν ἰδεῶν, ἀλλ' ἀσθενῆ καὶ ἀπίθανον ὄντα ἐν ἁπάσαις θεωρῶν.*

Paus. VI 18, 2 zu Olympia: *ἐνταῦθα καὶ Ἀναξιμένους οἶδα εἰκόνα ἀνευρών, ὃς τὰ ἐν Ἕλλησιν ἀρχαῖα καὶ ὅσα Φίλιππος ὁ Ἀμύντου καὶ ὕστερον Ἀλέξανδρος εἰργάσαντο συνέγραψεν ὁμοίως ἅπαντα· ἡ δέ οἱ τιμὴ γέγονεν ἐν Ὀλυμπίᾳ παρὰ τῶν Λαμψακηνῶν τοῦ δήμου κτέ.* § 3 — *Ἀλεξάνδρῳ τε αὐτῷ καὶ ἔτι Φιλίππῳ πρότερον γεγονότα ἐν γνώσει.* über seinen zwist mit Theopomp § 5. Müller FHG I LXXIV.

Historische schriften: Ἑλληνικά 12 bb., Φιλιππικά (cit. b. I—VIII), τὰ περὶ Ἀλέξανδρον (cit. b. I. II).

Diod. XV 89. ol. 104, 3. 363,2 *Ἀναξιμένης δ' ὁ Λαμψακηνὸς τὴν πρώτην τῶν Ἑλληνικῶν ἀνέγραψεν ἀρξάμενος ἀπὸ θεογονίας καὶ ἀπὸ τοῦ πρώτου γένους τῶν ἀνθρώπων, κατέστροφε δ' εἰς τὴν ἐν Μαντινείᾳ μάχην καὶ τὴν Ἐπαμεινώνδου τελευτήν, περιέλαβε δὲ πάσας σχεδὸν τάς τε τῶν Ἑλλήνων καὶ βαρβάρων πράξεις ἐν βίβλοις δώδεκα.*

Athen. VI p. 231ᶜ *Ἀ. δ' ὁ Λαμψακηνὸς ἐν ταῖς πρώταις ἐπιγραφομέναις ἱστορίαις τὸν Ἐριφύλης ὅρμον διαβόητον γενέσθαι (φησὶ) διὰ τὸ σπάνιον εἶναι τότε χρυσίον παρὰ τοῖς Ἕλλησιν κτέ.*

Fr. 17ᵇ. Harpokr. u. Ἀλκίμαχος . . . Μακεδών . . . *Ἀναξιμένης δὲ ἐν τῇ β' τῶν περὶ Ἀλέξανδρον ἀνέγραψεν αὐτοῦ δημηγορίαν, πρὸς ἣν ἀντειπεῖν φησὶ Δημοσθένην.*

Βασιλέων μεταλλαγαί von A. citieren Athen. XII p. 531ᵈ und Steph. B. u. Πασαργάδαι.

§ 33. Kleitarchos.

Müller ser. r. Al. M. p. 74. Car. Raun de Clitarcho Diodori Curtii Iustini auctore. Bonn 1868. R. Petersdorff, Diodorus, Curtius, Arrianus quibus ex fontibus expeditiones ab Al. in Asia usque ad Darii mortem factas hauserint. Gedani 1870.

Kleitarch war Deinons sohn (§ 30), schüler Stilpons von

§ 33. Megara (lebte noch ol. 118, 2. 307), jünger als Theopomp Plin. NH III 57 (o. s. 62), und schrieb περὶ Ἀλέξανδρον ἱστορίαι (citate bis zum 12n b.).

Diod. II 7 (fr. 4) (die ringmauer von Babylon) — ὡς δὲ Κλείταρχος καὶ τῶν ὕστερον μετ' Ἀλεξάνδρου διαβάντων εἰς τὴν Ἀσίαν τινὲς ἀνέγραψαν, τξ' καὶ ε' σταδίων.

Athen. XIII p. 576de (fr. 5) ὁ δὲ μέγας Ἀλέξανδρος οὐ Θαΐδα εἶχε μεθ' ἑαυτοῦ τὴν Ἀττικὴν ἑταίραν; περὶ ἧς φησὶ Κλείταρχος ὡς αἰτίας γενομένης τοῦ ἐμπρησθῆναι τὰ ἐν Περσεπόλει βασίλεια. αὕτη δὲ ἡ Θαΐς καὶ μετὰ τὸν Ἀλεξάνδρου θάνατον καὶ Πτολεμαίῳ ἐγαμήθη κτέ.

Plut. Alex. 46 ἐνταῦθα δὲ πρὸς αὐτὸν (Ἀλέξανδρον) ἀφικέσθαι τὴν Ἀμαζόνα οἱ πολλοὶ λέγουσιν, ὧν καὶ Κλείταρχός ἐστι καὶ Πολύκλειτος καὶ Ὀνησίκριτος καὶ Ἀντιγένης καὶ Ἴστρος· Ἀριστόβουλος δὲ καὶ Χάρης ὁ εἰσαγγελεὺς καὶ Πτολεμαῖος καὶ Ἀντικλείδης καὶ Φίλων ὁ Θηβαῖος καὶ Φίλιππος ὁ Θεαγγελεύς, πρὸς δὲ τούτοις Ἑκαταῖος ὁ Ἐρετριεὺς καὶ Φίλιππος ὁ Χαλκιδεὺς καὶ Δοῦρις ὁ Σάμιος πλάσμα φασὶ γεγονέναι τοῦτο. Strab. XI p. 505 (fr. 9) ὅπου δὲ νῦν εἰσίν (αἱ Ἀμαζόνες), ὀλίγοι τε καὶ ἀναποδείκτως καὶ ἀπίστως ἀποφαίνονται· καθάπερ καὶ περὶ Θαληστρίας, ἣν Ἀλεξάνδρῳ συμμῖξαί φασιν ἐν τῇ Ὑρκανίᾳ καὶ συγγενέσθαι τεκνοποιίας χάριν, δυναστεύουσαν τῶν Ἀμαζόνων. οὐ γὰρ ὁμολογεῖται τοῦτο· ἀλλὰ τῶν συγγραφέων τοσούτων ὄντων οἱ μάλιστα τῆς ἀληθείας φροντίσαντες οὐκ εἰρήκασιν, οὐδ' οἱ πιστευόμενοι μάλιστα οὐδενὸς μέμνηνται τοιούτου, οὐδ' οἱ εἰπόντες τὰ αὐτὰ εἰρήκασι. Κλείταρχος δέ φησι τὴν Θαληστρίαν ἀπὸ Κασπίων πυλῶν καὶ Θερμώδοντος ὁρμηθεῖσαν ἐλθεῖν πρὸς Ἀλέξανδρον. εἰσὶ δ' ἀπὸ Κασπίας εἰς Θερμώδοντα στάδιοι πλείους ἑξακισχιλίων.

Curt. IX 5, 21 (fr. 11) *Ptolemaeum, qui postea regnavit, huic pugnae (ad oppidum Oxydracarum) affuisse auctor est Clitarchus et Timagenes. sed ipse, scilicet gloriae suae non refragatus, afuisse se missum in expeditionem memoriae tradidit. tanta componentium vetusta rerum monumenta vel securitas vel, par huic vitium, credulitas fuit.* Arr. anab. VI 11, 8 τὸ δὲ δὴ μέγιστον πλημμέλημα τῶν ξυγγραψάντων τὰ ἀμφὶ Ἀλέξανδρον ἐκεῖνο τίθεμαι ἔγωγε. Πτολεμαῖον γὰρ τὸν Λάγου ἔστιν οἳ ἀνέγραψαν ξυναναβῆναί τε Ἀλεξάνδρῳ κατὰ τὴν κλίμακα ὁμοῦ Πευκέστᾳ καὶ ὑπερασπίσαι κειμένου, καὶ ἐπὶ

τῷδε Σωτῆρα ἐπικληθῆναι τὸν Πτολεμαῖον· καίτοι αὐτὸς § 33.
Πτολεμαῖος ἀναγέγραφεν οὐδὲ παραγενέσθαι τούτῳ τῷ ἔργῳ,
ἀλλὰ στρατιᾶς γὰρ αὐτὸς ἡγούμενος ἄλλας μάχεσθαι μάχας
καὶ πρὸς ἄλλους βαρβάρους. Quint. X 1, 74 *Clitarchi probatur ingenium, fides infamatur.* Cic. Brut. 11, 42 s. *ut enim tu nunc de Coriolano, sic Clitarchus, sic Stratocles de Themistocle finxit. nam quem Thucydides — tantum mortuum scripsit et in Attica clam humatum, addidit, fuisse suspicionem veneno sibi conscivisse mortem: hunc isti aiunt cum taurum immolavisset excepisse sanguinem patera et eo poto mortuum concidisse. hanc enim mortem rhetorice et tragice ornare potuerunt, illa mors volgaris nullam praebebat materiem ad ornatum.* de legg. I 2, 7 *Sisenna — in historia puerile quiddam consectatur, ut unum Clitarchum neque praeterea quemquam de Graecis legisse videatur, eum tamen velle dumtaxat imitari: quem si adsequi posset, aliquantum ab optimo tamen abesset.*

[Longin.] π. ὕψους 3, 2 γελᾶται — καί τινα τῶν Καλλισθένους ὄντα οὐχ ὑψηλά, ἀλλὰ μετέωρα, καὶ ἔτι μᾶλλον τὰ Κλειτάρχου· φλοιώδης γὰρ ἀνὴρ καὶ φυσῶν κατὰ τὸν Σοφοκλέα μικροῖς μὲν αὐλίσκοισι, φορβειᾶς δ' ἄτερ.

Auf Kleitarch beruht im wesentlichen die erzählung der geschichte Alexanders bei Diodor Justin Q. Curtius Rufus; auch Plutarch hat ihn vielfach benutzt.

§ 34. Marsyas von Pella.

Müller scr. r. Al. p. 41. Ritschl de Marsyis rerum scriptoribus (1836) opusc. ph. I. 449.

Suidas: Μαρσύας Περιάνδρου Πελλαῖος, ἱστορικός. οὗτος δὲ ἦν πρότερον γραμματοδιδάσκαλος, καὶ ἀδελφὸς Ἀντιγόνου τοῦ μετὰ ταῦτα βασιλεύσαντος, σύντροφος δὲ Ἀλεξάνδρου τοῦ βασιλέως. ἔγραψε Μακεδονικὰ ἐν βιβλίοις ι', ἤρξατο δὲ ἀπὸ ⟨Καράνου?⟩ τοῦ πρώτου βασιλεύσαντος Μακεδόνων, καὶ ⟨προῆλθε R.⟩ μέχρι τῆς Ἀλεξάνδρου τοῦ Φιλίππου ἐπὶ τὴν Συρίαν ἐφόδου ⟨τῆς R.⟩ μετὰ τὴν Ἀλεξανδρείας κτίσιν· (Ἀττικὰ ἐν βιβλίοις ιβ') καὶ αὐτοῦ Ἀλεξάνδρου ἀγωγήν. — Μαρσύας Κριτοφήμου Φιλιππεύς, ἱστορικός, ὁ νεώτερος. ἔγραψεν ἀρχαιολογίαν ἐν βιβλίοις ιβ', μυθικὰ ἐν βιβλίοις ζ', καὶ ἕτερά τινα περὶ τῆς ἰδίας πατρίδος.

§ 34.   Ol. 118, 2. 306 befehligte *Μαρσύας ὁ τὰς Μακεδονικὰς πράξεις συνταξάμενος* unter Demetrios in der seeschlacht bei Cypern. Diod. XX 50.

§ 35.   Onesikritos von Astypalaea.

Müller scr. r. Al. M. p. 47.

Diog. L. VI 84 *Ὀνησίκριτος. τοῦτον οἱ μὲν Αἰγινή- την, Δημήτριος δὲ ὁ Μάγνης Ἀστυπαλαιέα φησί. καὶ οὗτος τῶν ἐλλογίμων Διογένους μαθητῶν.* Aelian. hist. anim. XVI 39 (fr. 7) *Ὁ. ὁ Ἀστυπαλαιεὺς λέγει ἐν Ἰνδοῖς κτέ.* Plut. Alex. 65 *ὁ δ' Ὀνησίκριτος ἦν φιλόσοφος τῶν Διογέ- νει τῷ Κυνικῷ συνεσχολακότων.*

Onesikritos war in Alexanders gefolge und erhielt in Indien den posten des obersteuermanns des königlichen schiffes: Arrian. Ind. 18, 9 *τῆς δὲ αὐτοῦ Ἀλεξάνδρου νεὸς κυβερνήτης ἦν Ὀνησίκριτος Ἀστυπαλαιεύς.* Anab. VI 2, 3 *τοῦ μὲν δὴ ναυτικοῦ παντὸς Νέαρχος αὐτῷ ἐξηγεῖτο, τῆς δὲ αὐτοῦ νεὼς κυβερνήτης Ὀνησίκριτος, ὃς ἐν τῇ ξυγγραφῇ ἥντινα ὑπὲρ Ἀλεξάνδρου ξυνέγραψε καὶ τοῦτο ἐψεύσατο, ναύαρχον ἑαυτὸν εἶναι γράψας κυβερνήτην ὄντα.*

Plut. Alex. 66 *ἡγεμόνα μὲν Νέαρχον καταστήσας, ἀρ- χικυβερνήτην δ' Ὀνησίκριτον.* de fort. Alex. I 10 p. 331 c.

Strab. XV p. 698 (fr. 7) — *ὡς εἴρηκεν Ὀνησίκριτος, ὃν οὐκ Ἀλεξάνδρου μᾶλλον ἢ τῶν παραδόξων ἀρχικυβερνή- την προσείποι τις ἄν. πάντες μὲν γὰρ οἱ περὶ Ἀλέξανδρον τὸ θαυμαστὸν ἀντὶ τἀληθοῦς ἀπεδέχοντο μᾶλλον, ὑπερβάλ- λεσθαι δὲ δοκεῖ τοὺς τοιούτους ἐκεῖνος τῇ τερατολογίᾳ· λέ- γει δ' οὖν τινὰ καὶ πιθανὰ καὶ μνήμης ἄξια ὥστε καὶ ἀπι- στοῦντα μὴ παρελθεῖν αὐτά.*

Gellius IX 4, 3 nennt Onesikritos unter den verfassern von *libri Graeci miraculorum fabularumque pleni, res inauditae, incredulae.*

Plut. Alex. 46 *λέγεται δὲ πολλοῖς χρόνοις Ὀνησίκριτος ὕστερον ἤδη βασιλεύοντι Λυσιμάχῳ* (306—281) *τῶν βιβλίων τὸ τέταρτον ἀναγινώσκειν, ἐν ᾧ γέγραπται περὶ τῆς Ἀμα- ζόνος· τὸν οὖν Λυσίμαχον ἀτρέμα μειδιάσαντα 'καὶ ποῦ' φάναι 'τότε ἤμην ἐγώ;'*

Strab. II p. 70 *ἅπαντες μὲν τοίνυν οἱ περὶ τῆς Ἰνδικῆς γράψαντες ὡς ἐπὶ τὸ πολὺ ψευδολόγοι γεγόνασι, καθ' ὑπερ-*

βολὴν δὲ Δηίμαχος, τὰ δὲ δεύτερα λέγει Μεγασθένης, Ὀνη- § 35.
σίκριτος δὲ καὶ Νέαρχος καὶ ἄλλοι τοιοῦτοι παραψελλίζοντες
ἤδη. XV p. 689 ἐκ δὲ τούτων πάρεστιν ὁρᾶν ὅσον διαφέ-
ρουσιν αἱ τῶν ἄλλων ἀποφάσεις, Κτησίου μὲν οὐκ ἐλάττω
τῆς ἄλλης Ἀσίας τὴν Ἰνδικὴν λέγοντος, Ὀνησικρίτου δὲ τρί-
τον μέρος τῆς οἰκουμένης, Νεάρχου δὲ μηνῶν ὁδὸν τεττά-
ρων τὴν διὰ τοῦ πεδίου, Μεγασθένους δὲ καὶ Δηιμάχου με-
τριασάντων μᾶλλον.

§ 36. Berichte von befehlshabern Alexanders und seiner nachfolger.

Nearchos von Kreta. Müller scr. r. Al. M. p. 58.

Nearchos ward mit andern freunden Alexanders 337,6
von König Philipp verbannt. Alexander zeichnete ihn auf
seinen kriegszügen aus und ernannte ihn zum admiral der
indischen flotte. nach Alexanders tode hielt sich Nearchos
zu Antigonos. zuletzt erwähnt ihn Diod. XIX 69. ol. 116,
3. 314 Νέαρχον τὸν Κρῆτα.

Arrian. Ind. 18, 4 ἐκ δὲ Ἀμφιπόλεως ἦγον οἵδε· Νέαρχος
Ἀνδροτίμου, ὃς τὰ ἀμφὶ τῷ παράπλῳ ἀνέγραψε. § 10 ναύ-
αρχος δὲ αὐτοῖσιν ἐπεστάθη Νέαρχος Ἀνδροτίμου· τὸ γένος
μὲν Κρὴς ὁ Νέαρχος, ᾤκεε δὲ ἐν Ἀμφιπόλει τῇ ἐπὶ Στρυ-
μόνι. Steph. B. Λητή, πόλις Μακεδονίας· — τὸ ἐθνικὸν
Λητᾶος· ⟨ἔστι καὶ Λατὼ πόλις Κρήτης. τὸ ἐθνικὸν Λατῷος.
Meineke⟩ οὕτως γὰρ ἱστορεῖται Νέαρχος Λητᾶος (Λατῷος
Meineke), τῶν Ἀλεξάνδρῳ τῷ μεγάλῳ συστρατευσαμένων ὁ
διασημότατος.

Den bericht von seiner seeexpedition (παράπλους)
scheint Nearchos später als Onesikritos herausgegeben zu
haben. manches teilt Strabo b. XV. XVI daraus mit, einen
auszug gibt Arrian. Indik. c. 20 ss.

Androsthenes von Thasos. Müller scr. r. Al. M. p. 72.

Androsthenes war auf der indischen flotte Alexanders
und unternahm eine fahrt an die küsten Arabiens. Arrian.
Ind. 18, 4 ἐκ δὲ Ἀμφιπόλεως ἦγον οἵδε· .... καὶ Ἀνδρο-
σθένης Καλλιστράτου. Anab. VII 20, 7 Ἀνδροσθένης δὲ
ξὺν ἄλλῃ τριακοντόρῳ σταλεὶς καὶ τῆς χερρονήσου τι τῶν
Ἀράβων παρέπλευσεν.

Athen. III p. 93ᵇ Ἀνδροσθένης δ' ἐν τῷ τῆς Ἰνδικῆς

§ 36. παράπλῳ γράφει οὕτως (fr. 1). Strab. XVI p. 766 (fr. 2) καθάπερ καὶ Ἀνδροσθένη λέγειν φησὶ (Ἐρατοσθένης) τὸν Θάσιον, τὸν καὶ Νεάρχῳ συμπλεύσαντα . . .
Patrokles.   Müller FHG II 442.

Patrokles ward 312 von Seleukos mit dem commando zu Babylon betraut, war später statthalter der länder am kaspischen meere und behauptete sich im höchsten ansehen (Plutarch. Demetr. 47 Π. ἀνὴρ συνετὸς εἶναι δοκῶν καὶ Σελεύκῳ φίλος πιστός . .). Nach dem tode des Seleukos 280 sandte Antiochos I ihn mit einem heere nach Vorderasien: dort fiel er im Kampfe mit den Bithynern.

Patrokles beschrieb das kaspische meer. Strab. II p. 68 s. Πατροκλῆς ὁ μάλιστα πιστεύεσθαι δίκαιος διά τε τὸ ἀξίωμα καὶ διὰ τὸ μὴ ἰδιώτης εἶναι τῶν γεωγραφικῶν. — καὶ αὐτὴ δὲ ἡ τοῦ Πατροκλέους πίστις ἐκ πολλῶν μαρτυριῶν σύγκειται, τῶν βασιλέων τῶν πεπιστευκότων αὐτῷ τηλικαύτην ἀρχήν, τῶν ἐπακολουθησάντων αὐτῷ, τῶν ἀντιδοξούντων · . . . οὐδὲ τοῦτο δὲ ἀπίθανον τοῦ Πατροκλέους ὅτι φησὶ τοὺς Ἀλεξάνδρῳ συστρατεύσαντας ἐπιδρομάδην ἱστορῆσαι ἕκαστα, αὐτὸν δὲ Ἀλέξανδρον ἀκριβῶσαι, ἀναγραψάντων τὴν ὅλην χώραν τῶν ἐμπειροτάτων αὐτῷ· τὴν δ' ἀναγραφὴν αὐτῷ δοθῆναί φησιν ὕστερον ὑπὸ Ξενοκλέους τοῦ γαζοφύλακος.

Strab. XI p. 509 φησὶ δὲ καὶ εὔπλουν εἶναι (τὸν Ὦξον Ἀριστόβουλος), καὶ οὗτος καὶ Ἐρατοσθένης παρὰ Πατροκλέους λαβών, καὶ πολλὰ τῶν Ἰνδικῶν φορτίων κατάγειν εἰς τὴν Ὑρκανίαν θάλατταν, ἐντεῦθεν δ' εἰς τὴν Ἀλβανίαν περαιοῦσθαι καὶ διὰ τοῦ Κύρου καὶ τῶν ἑξῆς τόπων εἰς τὸν Εὔξεινον καταφέρεσθαι. vgl. Arrian. VII 16, 3. 4.

Plin. VI 17 § 58 *(India) patefacta est non modo Alexandri magni armis regumque qui successere, circumvectis etiam in Hyrcanium mare et Caspium Seleuco et Antiocho praefectoque classis eorum Patrocle, verum et aliis auctoribus Graecis qui cum regibus Indicis morati, sicut Megasthenes et Dionysius a Philadelpho missus, ... prodidere.*

Über Megasthenes und seine Indika (aus der zeit von Seleukos Nikator um 300) s. E. A. Schwanbeck Megasthenis Indica. Bonn 1846. Müller FHG II 397; über seinen jüngeren zeitgenossen Daimachos von Plataeae II 440.

§ 37. Ephemeriden.

Chares von Mytilene war kammerherr Alexanders
(εἰσαγγελεύς Plut. Al. 46) und schrieb als solcher περὶ Ἀλέ-
ξανδρον ἱστορίαι in wenigstens 10 bb. Müller scr. r. Al. M.
p. 114.

Βασίλειοι ἐφημερίδες — ἃς ἀνέγραψαν Εὐμένης ὁ
Καρδιανὸς καὶ Διόδοτος ὁ Ἐρυθραῖος (Athen. X p. 434 ʰ).
Müller scr. r. Al. M. 121. A. Schöne a. a. O. S. 33.
E. Plew jhb. 1871, 533. Eumenes war Alexanders ἀρχι-
γραμματεύς. Plut. Eumen. 1. •
Die führung von hof- und reichsjournalen durch bestimmte
beamte (vgl. Herod. VIII 90 die γραμματισταί bei der sa-
laminischen schlacht) war bei den groszkönigen von Asien
hergebracht: γράμματα μνημόσυνα τῶν ἡμερῶν, βίβλος
ὑπομνηματισμοῦ, τὰ τῶν βασιλέων ὑπομνήματα, τὰ τῶν
προγόνων βιβλία. s. Barn. Brissonius de reg. Persar. princip.
ed. Francof. 1595 p. 139. 142 s. dieselbe sitte wurde auf
die makedonischen fürstenhöfe übertragen. auf die in den
ὑπομνήματα βασιλικά enthaltenen offiziellen berichte aus
Pyrrhos' feldlager beruft sich Hieronymos von Kardia fr. 8
bei Plut. Pyrrh. 21. vgl. Müller FHG II 461; über ὑπο-
μνήματα des Antigonos Gonatas s. Polyaen. VI 6, 2.

§ 38. Ptolemaeos König von Aegypten.

Müller scr. r. Al. M. p. 87.

Ptolemaeos I nahm 306 den königlichen titel an und
† 283.

Arrian. anab. prooem. Πτολεμαῖος ὁ Λάγου καὶ Ἀριστό-
βουλος ὁ Ἀριστοβούλου ὅσα μὲν ταὐτὰ ἄμφω περὶ Ἀλεξάν-
δρου τοῦ Φιλίππου ξυνέγραψαν, ταῦτα ἐγὼ ὡς πάντη ἀληθῆ
ἀναγράφω, ὅσα δὲ οὐ ταὐτά, τούτων τὰ πιστότερα ἐμοὶ φαι-
νόμενα καὶ ἅμα ἀξιαφηγητότερα ἐπιλεξάμενος. ἄλλοι μὲν δὴ
ἄλλα ὑπὲρ Ἀλεξάνδρου ἀνέγραψαν, οὐδ' ἔστιν ὑπὲρ ὅτου
πλείονες ἢ ἀξυμφωνότεροι ἐς ἀλλήλους· ἀλλ' ἐμοὶ Πτολεμαῖός
τε καὶ Ἀριστόβουλος πιστότεροι ἔδοξαν ἐς τὴν ἀφήγησιν, ὁ
μὲν ὅτι ξυνεστράτευσε βασιλεῖ Ἀλεξάνδρῳ, Ἀριστόβουλος·
Πτολεμαῖος δὲ πρὸς τῷ ξυστρατεῦσαι ὅτι καὶ αὐτῷ βασιλεῖ

§ 38. ὄντι αἰσχρότερον ἢ τῳ ἄλλῳ ψεύσασθαι ἦν· ἄμφω δέ, ὅτι τε-
τελευτηκότος ἤδη Ἀλεξάνδρου ξυγγράφουσιν αὐτοῖς ἤ τε
ἀνάγκη καὶ ὁ μισθὸς τοῦ ἄλλως τι ἢ ὡς ξυνηνέχθη ξυγ-
γράψαι ἀπῆν. ἔστι δὲ ἃ καὶ πρὸς ἄλλων ξυγγεγραμμένα,
ὅτι καὶ*αὐτὰ ἀξιαφήγητά τέ μοι ἔδοξε καὶ οὐ πάντη ἄπιστα,
ὡς λεγόμενα μόνον ὑπὲρ Ἀλεξάνδρου ἀνέγραψα. vgl. VI
28, 2. VII 26, 3 . . Ἀλέξανδρον . . . ἀποθανεῖν . . . . οὐ
πόρρω δὲ τούτων οὔτε Ἀριστοβούλῳ οὔτε Πτολεμαίῳ ἀνα-
γέγραπται.
Ein wunder erzählte Ptolemaeos bei Alexanders zuge
zum Ammonion: Arr. III 3, 5 (fr. 7) Πτολεμαῖος μὲν δὴ ὁ
Λάγου λέγει δράκοντας δύο ἰέναι πρὸ τοῦ στρατεύματος φω-
νὴν ἱέντας, καὶ τούτοις Ἀλέξανδρον κελεῦσαι ἕπεσθαι τοὺς
ἡγεμόνας πιστεύσαντας τῷ θείῳ· τοὺς δὲ ἡγήσασθαι τὴν ὁδὸν
τήν τε ἐς τὸ μαντεῖον καὶ ὀπίσω αὖθις· Ἀριστόβουλος δὲ
κτέ. vgl. dazu Diod. XX 100. ol. 119, 1. 303 (οἱ Ρό-
διοι) θεωροὺς ἀπέστειλαν εἰς Λιβύην τοὺς ἐπερωτήσοντας
τὸ παρ' Ἄμμωνι μαντεῖον εἰ συμβουλεύει Ῥοδίοις Πτολε-
μαῖον ὡς θεὸν τιμῆσαι. συγκατατιθεμένου δὲ τοῦ χρηστη-
ρίου κτέ. Paus. I 8, 6 τὸν — τοῦ Λάγου Σωτῆρα (καλοῦσι)
παραδόντων Ῥοδίων τὸ ὄνομα. vgl. o. s. 68 f.

Aristobulos von Kasandreia.

Müller scr. r. Al. M. p. 94.

[Lukian.] Makrob. 22 Ἀριστόβουλος δ' ὁ Κασανδρεὺς
ὑπὲρ τὰ ϛ' ἔτη λέγεται βεβιωκέναι, τὴν ἱστορίαν δὲ δ' καὶ
π' ἔτος γεγονὼς ἤρξατο συγγράφειν. ὡς αὐτὸς ἐν ἀρχῇ τῆς
πραγματείας λέγει. Plutarch. Dem. 23. Athen. II p. 43 d.
VI p. 251 a Ἀ. ὁ Κασανδρεύς. Kasandreia ward ol. 116, 1.
316 von Kasandros an der stelle der von Philipp II zerstör-
ten stadt Potidaea erbaut. Aristobulos schrieb Alexanders
geschichte nach der schlacht bei Ipsos. Arrian. VII 18, 5.

§ 39. Hieronymos von Kardia.

Müller FHG II 450. C. A. F. Brückner de vita et scriptis II. Cardiani.
z. f. d. aw. 1842 p. 253.

Suidas: Ἱερώνυμος Καρδιανός, ὃς τὰ ἐπ' Ἀλεξάνδρῳ
πραχθέντα συνέγραψεν.

[Lukian] Makrob. 22 Ἱερώνυμος δὲ ἐν πολέμοις γενό- § 39.
μενος καὶ πολλοὺς καμάτους ὑπομείνας καὶ τραύματα ἔζησεν
ἔτη δ΄ καὶ ρ΄, ὡς Ἀγαθαρχίδης ἐν τῇ θ΄ τῶν περὶ τῆς Ἀσίας
ἱστοριῶν λέγει (FHG III 196, 17), καὶ θαυμάζει γε τὸν ἄνδρα
ὡς μέχρι τῆς τελευταίας ἡμέρας ἄρτιον ὄντα ἐν ταῖς συνου-
σίαις καὶ πᾶσι τοῖς αἰσθητηρίοις, μηδενὸς γενόμενον τῶν
πρὸς ὑγίειαν ἐλλιπῆ. Diod. XVIII 42 ol. 114, 3.
322 ὁ Εὐμένης πρὸς τὸν
Ἀντίπατρον πρεσβευτὰς ἀπέστειλε περὶ τῶν ὁμολογιῶν, ὧν
ἦν ἡγούμενος Ἱερώνυμος ὁ τὰς τῶν διαδόχων ἱστορίας γεγρα-
φώς. 50 ol. 115, 2. 319 (Ἀντίγονος) Ἱερώνυμον — τὸν τὰς
ἱστορίας γράψαντα μετεπέμψατο, φίλον ὄντα καὶ πολίτην
Εὐμένους τοῦ Καρδιανοῦ. XIX 44 ol. 116, 1. 315 ἀνήχθη
δ΄ ἐν τοῖς τραυματίαις αἰχμάλωτος καὶ ὁ τὰς ἱστορίας συντα-
ξάμενος Ἱερώνυμος ὁ Καρδιανός, ὃς τὸν μὲν ἔμπροσθεν χρό-
νον ὑπ᾽ Εὐμένους τιμώμενος διετέλεσε, μετὰ δὲ τὸν ἐκείνου
θάνατον ὑπ᾽ Ἀντιγόνου ἐτύγχανε φιλανθρωπίας καὶ πίστεως.
Hieronymos war im heere des Antigonos bei Ipsos 301
(Makrob. 11) und hielt sich später zu dessen sohne Deme-
trios und zu Antigonos Gonatas. sein geschichtswerk wird
citiert u. d. t. αἱ τῶν διαδόχων ἱστορίαι, der spätere teil
desselben, in welchem Pyrrhos' kieg in Italien und sein
tod (272) erzählt war, von Dionys. arch. I 6 p. 16: πρώτου
μὲν — τὴν Ῥωμαϊκὴν ἀρχαιολογίαν ἐπιδραμόντος Ἱερωνύμου
τοῦ Καρδιανοῦ συγγραφέως ἐν τῇ περὶ τῶν ἐπιγόνων πραγ-
ματείᾳ. Plutarch im leben des Pyrrhos hat die zuverläs-
sigsten berichte aus Hieronymos.
Paus. I 9, 8 τὰ δὲ ἐντεῦθεν ἐμοί ἐστιν οὐ πιστά, Ἱερώ-
νυμος δὲ ἔγραψε Καρδιανός, Λυσίμαχον τὰς θήκας τῶν νε-
κρῶν ἀνελόντα τὰ ὀστᾶ ἐκρῖψαι. ὁ δὲ Ἱερώνυμος οὗτος ἔχει
μὲν καὶ ἄλλως δόξαν πρὸς ἀπέχθειαν γράψαι τῶν βασιλέων
πλὴν Ἀντιγόνου, τούτῳ δὲ οὐ δικαίως χαρίζεσθαι· τὰ δὲ
ἐπὶ τοῖς τάφοις τῶν Ἠπειρωτῶν παντάπασίν ἐστι φανερὸς
ἐπηρείᾳ συνθείς, ἄνδρα Μακεδόνα θήκας νεκρῶν ἀνελεῖν.
— τῷ δὲ Ἱερωνύμῳ τάχα μέν που καὶ ἄλλα ἦν ἐς Λυσίμα-
χον ἐγκλήματα, μέγιστον δέ, ὅτι τὴν Καρδιανῶν πόλιν ἀνε-
λὼν Λυσιμάχειαν ἀντ᾽ αὐτῆς ᾤκισεν ἐπὶ τῷ ἰσθμῷ τῆς Θρα-
κίας Χερρονήσου. c. 13, 9 von Pyrrhos' tode διάφορα δὲ
ὅμως ἐστὶ καὶ ταῦτα ὧν Ἱερώνυμος ὁ Καρδιανὸς ἔγραψεν·
ἀνδρὶ γὰρ βασιλεῖ συνόντα ἀνάγκη πᾶσα ἐς χάριν συγγρά-

§ 39. φειν.   εἰ δὲ καὶ Φίλιστος αἰτίαν δικαίαν εἴληφεν — ἀποκρύψασθαι τῶν Διονυσίου τὰ ἀνοσιώτατα, ἦ που πολλή γε Ἱερωνύμῳ συγγνώμη τὰ ἐς ἡδονὴν Ἀντιγόνου γράφειν.   Dionys. de compos. verb. 4 p. 29 s.   τοῖς μὲν οὖν ἀρχαίοις ὀλίγου δεῖν πᾶσι πολλὴ ἐπίδοσις ἦν αὐτοῦ (τοῦ συντιθέναι δεξιῶς τὰ ὀνόματα).   παρ' ὃ καὶ καλά ἐστιν αὐτῶν τὰ μέτρα καὶ τὰ μέλη καὶ οἱ λόγοι· τοῖς δὲ μεταγενεστέροις οὐκέτι, πλὴν ὀλίγων· χρόνῳ δ' ὕστερον παντάπασιν ἠμελήθη, καὶ οὐδεὶς ᾤετο δεῖν ἀναγκαῖον αὐτὸ εἶναι οὐδὲ συμβάλλεσθαί τι τῷ κάλλει τῶν λόγων.   τοίγαρτοι τοιαύτας συντάξεις κατέλιπον, οἵας οὐδεὶς ὑπομένει μέχρι κορωνίδος διελθεῖν· Φύλαρχον λέγω καὶ Δοῦριν καὶ Πολύβιον καὶ Ψάωνα καὶ τὸν Καλλατιανὸν Δημήτριον, Ἱερώνυμόν τε καὶ Ἀντίγονον καὶ Ἡρακλείδην καὶ Ἡγησιάνακτα (cod. Paris.) καὶ ἄλλους μυρίους.

§ 40.   Fortsetzungen der allgemeinen geschichte des Ephoros.

Demophilos s. § 28 s. 54.

Diyllos von Athen.   Psaon von Plataeae.

Müller FHG II 360.   III 198.

Diod. XVI 14 ol. 106, 357/6.   Δίυλλος δ' ὁ Ἀθηναῖος ἦρκται τῆς ἱστορίας ἀπὸ τῆς ἱεροσύλεως, καὶ γέγραφε βίβλους κ' καὶ ζ', συμπεριλαβὼν πάσας τὰς ἐν τοῖς χρόνοις τούτοις γενομένας πράξεις περί τε τὴν Ἑλλάδα καὶ τὴν Σικελίαν.

XVI 76 ol. 109, 4. 341/0.   Δίυλλος δ' ὁ Ἀθηναῖος τῆς δευτέρας συντάξεως ἀρχὴν πεποίηται τῆς Ἐφόρου ἱστορίας τὴν τελευτήν, καὶ τὰς ἑξῆς πράξεις συνείρει τάς τε τῶν Ἑλλήνων καὶ τῶν βαρβάρων μέχρι τῆς Φιλίππου τελευτῆς.

XXI fr. 5 p. 490 W. (cᵃ ol. 120, 2—121, 1. 299—295) ὅτι Δίυλλος Ἀθηναῖος συγγραφεὺς τὰς κοινὰς πράξεις συντάξας ἔγραψε βιβλία κϛ', Ψάων δὲ ὁ Πλαταιεὺς τὰς ἀπὸ τούτου διαδεξάμενος πράξεις ἔγραψε βιβλία λ'.

Plut. de Herod. mal. 26 p. 862ᵇ ἀνὴρ Ἀθηναῖος οὐ τῶν παρημελημένων ἐν ἱστορίᾳ Δίυλλος.

Diyllos schrieb ein buch zur ergänzung, 26 bb. zur fortsetzung der allgemeinen geschichte des Ephoros, bis zum tode Philippos IV, des sohnes von Kasandros, ol. 120, 4. 296. vgl. hist. zeitschr. XVIII 173.

Psaon wird wegen seiner gezierten schreibweise geta- § 40.
delt von Dionys. de compos. verb. 4 p. 30 u. Deinarch. 8
p. 646.

§ 41. ΑΤΘΙΔΕС.

Müller FHG I lxxxii—xci. 359—427. Philochori fragm. a Lenzio coll.
dig. C. Godofr. Siebelis. Acc. Androtionis Ἀτθίδος reliquiae. Lips.
1811. Phanodemi Demonis Clitodemi atque Istri fr. coll. Lenzius,
dig. Siebelis. 1812.

Dionys. Arch. I 8 p. 23 σχῆμα δὲ ἀποδίδωμι τῇ πραγ-
ματείᾳ οὔτε . . . . οὔτε ταῖς χρονικαῖς παραπλήσιον, ἃς ἐξέ-
δωκαν οἱ τὰς Ἀτθίδας πραγματευσάμενοι· μονοειδεῖς γὰρ
ἐκεῖναί τε καὶ ταχὺ προσιστάμεναι τοῖς ἀκούουσιν.
Über die Atthis des Hellanikos s. § 16 s. 17.

Kleidemos.

Paus. X 15, 5 Κλει[τό]δημος δέ, ὁπόσοι τὰ Ἀθηναίων
ἐπιχώρια ἔγραψαν ὁ ἀρχαιότατος, οὗτος ἐν τῷ λόγῳ φησὶ
τῷ Ἀττικῷ, ὅτε Ἀθηναῖοι παρεσκευάζοντο ἐπὶ Σικελίᾳ τὸν
στόλον . . . . . Ἀθηναίοις μὲν δὴ καὶ ἄλλα σημεῖα μὴ ἐκ-
πλεῦσαι σφᾶς ἀπαγορεύοντα ἐς Σικελίαν διηγήσατο ὁ Κλει-
[τό]δημος.

Plut. de glor. Athen. 1 p. 345ᵉ Ξενοφῶν μὲν γὰρ αὐ-
τὸς ἑαυτοῦ γέγονεν ἱστορία, γράψας ἃ ἐστρατήγησε καὶ κατ-
ώρθωσεν —· οἱ δ' ἄλλοι πάντες ἱστορικοί, Κλείδημοι, Δί-
υλλοι Φιλόχοροι Φύλαρχοι, ἀλλοτρίων γεγόνασιν ἔργων ὥσπερ
δραμάτων ὑποκριταί, τὰς τῶν στρατηγῶν καὶ βασιλέων πρά-
ξεις διατιθέμενοι.

Kleidemos gieng von den ältesten zeiten aus. fr. 8.
gedenkt der seit ol. 100, 3. 378/7 bestehenden συμμορίαι.
vgl. Böckh seew. s. 182. Hesych. u. Ἀγαμεμνόνια φρέατα
citiert Κλείδημος ἐν τῇ ιβ' τῆς Ἀτθίδος.

Auszer der Atthis werden von Kleidemos Πρωτογόνεια,
ἐξηγητικός, νόστοι angeführt.

Androtion von Athen.

vgl. Demosth. u. s. z. I 316. 351.

Suidas: Ἀνδροτίων Ἄνδρωνος Ἀθηναῖος, ῥήτωρ καί δη-
μαγωγός, μαθητής Ἰσοκράτους.

§ 41.   Zosim. l. des Isokr. p. 256 s. West. ἔσχε δὲ μαθητὰς
— Ἀνδροτίωνα τὸν τὴν Ἀτθίδα γράψαντα, καθ᾽ οὗ καὶ ὁ
Δημοσθένης ἔγραψε (R. XXII. XXIV. 355. 352 v. Ch.).
Plutarch. de exilio 14 p. 605ᶜ καὶ γὰρ τοῖς παλαιοῖς
ὡς ἔοικεν αἱ Μοῦσαι τὰ κάλλιστα τῶν συνταγμάτων καὶ
δοκιμώτατα φυγὴν λαβοῦσαι συνεργὸν ἐπετέλεσαν. — — —
Ἀνδροτίων Ἀθηναῖος ἐν Μεγάροις —.
Fragm. v. ol. 93. 1. 408 (aus dem III buche): Εὐκτή-
μων Κυδαθήναιος. ἐπὶ τούτου πρέσβεις ἦλθον ἀπὸ Λακε-
δαίμονος κτέ. Usener i. d. jhrb. 1871, 311.
Das 12. buch der Atthis citiert Harpokration u. Ἀμφί-
πολις, sie reichte wenigstens bis ol. 108, 3. 346: Harp. u.
διαψήφισις· — ἐντελέστατα δὲ διείλεκται περὶ τῶν διαψη-
φίσεων, ὡς γεγόνασιν ἐπὶ Ἀρχίου ἄρχοντος, Ἀνδροτίων ἐν
τῇ Ἀτθίδι καὶ Φιλόχορος ἐν ϛ´ τῆς Ἀτθίδος. die ziffer des
buchs von Androtions Atthis ist ausgefallen.

Phanodemos.

Steph. Ἴκος, νῆσος τῶν Κυκλάδων προσεχὴς τῇ Εὐβοίᾳ
— ἔγραψε δὲ Φανόδημος Ἰκιακά.
Von der Ἀτθίς wird das 9. buch citiert (fr. 6). fr. 18
(Plut. Kim. 19) handelt vom tode Kimons.
Dionys. arch. I 61 p. 156 (fr. 8) Φανόδημος ὁ τὴν Ἀτ-
τικὴν γράψας ἀρχαιολογίαν.
Fr. 7 (Procl. schol. zu Plat. Tim. 11ᶜ I p. 30) τοὺς δὲ
Ἀθηναίους Καλλισθένης μὲν καὶ Φανόδημος πατέρας τῶν
Σαϊτῶν ἱστοροῦσι γενέσθαι.
Athen. IV p. 168ᵃ (fr. 15) Φανόδημος καὶ Φιλόχορος.

Demon.

Ob der neffe des Demosthenes oder ein jüngerer gl. n.
aus derselben familie? vgl. Dem. u. s. z. IIIʰ 56 s. gegen
ihn schrieb Philochoros.
Ἀτθίς. περὶ παροιμιῶν. περὶ θυσιῶν.

Philochoros von Athen.

Böckh über den plan der Atthis des Philochoros. 1832 (kl. schr. V 397).
Jul. Strenge, quaestiones Philochoreae. Gott. 1868.
Suidas: Φιλόχορος Κύκνου Ἀθηναῖος, μάντις καὶ ἱερο-

σκόπος. γυνὴ δὲ ην αὐτῷ Ἀρχεστράτη. κατὰ δὲ τοὺς χρό- §41.
νους γέγονεν ὁ Φιλόχορος Ἐρατοσθένους, ὡς ἐπιβαλεῖν πρεσ-
βύτῃ νέον ὄντα Ἐρατοσθένη. ἐτελεύτησε δὲ ἐνεδρευθεὶς ὑπὸ
Ἀντιγόνου, ὅτι διεβλήθη προσκεκλικέναι τῇ Πτολεμαίου
βασιλείᾳ. ἔγραψεν Ἀτθίδος βιβλία ιζ΄· περιέχει δὲ τὰς Ἀθη-·
ναίων πράξεις καὶ βασιλεῖς καὶ ἄρχοντας ἕως Ἀντιόχου τοῦ
τελευταίου τοῦ προσαγορευθέντος Θεοῦ, ἔστι δὲ πρὸς Δήμωνα.
περὶ μαντικῆς δ΄, περὶ θυσιῶν ά, περὶ τῆς τετραπόλεως,
Σαλαμῖνος κτίσιν, ἐπιγράμματα Ἀττικά, περὶ τῶν Ἀθήνησιν
ἀγώνων [βιβλία ιζ΄], περὶ τῶν Ἀθήνησιν ἀρξάντων ἀπὸ
Σωκρατίδου (ol. 101, 3) [καὶ] μέχρι Ἀπολλοδώρου (ol. 107,
3 oder 115, 2), ὀλυμπιάδας ἐν βιβλίοις β΄, πρὸς τὴν Δήμω-
νος Ἀτθίδα, ἐπιτομὴν τῆς ἰδίας Ἀτθίδος, ἐπιτομὴν τῆς
Διονυσίου πραγματείας περὶ ἱερῶν, περὶ τῶν Σοφοκλέους
μύθων βιβλία έ, περὶ Εὐριπίδου, περὶ Ἀλκμᾶνος, περὶ
μυστηρίων τῶν Ἀθήνησι, συναγωγὴν ἡρωίδων ἤτοι Πυθα-
γορείων γυναικῶν, Δηλιακὰ βιβλία β΄, περὶ εὐρημάτων, περὶ
καθαρμῶν, περὶ συμβόλων.

Ol. 118, 3. 306 bekleidete Philochoros schon das amt
eines ἱεροσκόπος fr. 146 b. Dionys. Dein. 3 p. 637. seine
ermordung geschah, nachdem im chremonideischen kriege
(ol. 129, 3. 261) Antigonos Gonatas Athen erobert hatte.
mit demselben jahre begann die regierung des königs An-
tiochos II Theos von Syrien († 247).

Philochoros' hauptwerk war die Ἀτθίς in 17 bb.

Buch I—VI (von den ältesten zeiten, sicher bis ol. 110,
2. 338: wie weit über dieses jahr hinaus ist ungewis) scheint
Philochoros als ein abgeschlossenes werk (πρὸς Δήμωνα) her-
ausgegeben zu haben. in den folgenden büchern führte er
die geschichte Athens bis zu seinem todesjahre fort.

VII enthielt noch die verwaltung des Demetrios von
Phaleron (ol. 115, 4—118, 1. 317—308).

VIII schlosz mit ol. 118, 2. 307/6.

IX enthielt ol. 118, 3—119, 2. 306—302.

X—XVII ol. 119, 3—129, 3. 262/1.

Eine ἐπιτομὴ τῆς Φιλοχόρου Ἀτθίδος fertigte Asinius
Pollio von Tralles an (Suidas u. Πωλίων ὁ Ἀσίνιος).

Auszer den titeln bei Suidas werden als schriften von
Philochoros angeführt ἡ πρὸς Ἄλυπον ἐπιστολή, περὶ ἑορ-
τῶν, περὶ ἡμερῶν, περὶ τραγωδιῶν.

§ 41.   Krateros.

Müller FHG II 617. Stephani Byzantii ethnicorum quae supersunt ex
rec. Aug. Meinekii I. Berol. 1849. epim. I p. 714. vgl. Niebuhr kl.
hist. schr. I 225ⁿ. Böckh. sth. II 369. nachtr. VII.

Krateros, sohn des feldherrn Krateros und der Phila,
halbbruder des königs Antigonos Gonatas, gab eine συνα-
γωγὴ ψηφισμάτων heraus.
Das 9. buch enthielt auszüge aus den attischen tribut-
listen.
Plut. Arist. 26. *Κρατερὸς δ' ὁ Μακεδὼν τοιαῦτά τινα
περὶ τῆς τελευτῆς τοῦ ἀνδρὸς εἴρηκε. — — καὶ Ἀριστείδην
ἁλῶναι δωροδοκίας Διοφάντου τοῦ Ἀμφιτροπῆθεν κατηγο-
ροῦντος ὡς ὅτε τοὺς φόρους ἔπραττε παρὰ τῶν Ἰώνων χρή-
ματα λαβόντος, ἐκτῖσαι δ' οὐκ ἔχοντα τὴν καταδίκην ν΄ μνῶν
οὖσαν ἐκπλεῦσαι καὶ περὶ τὴν Ἰωνίαν ἀποθανεῖν. τούτων
δ' οὐδὲν ἔγγραφον ὁ Κρατερὸς τεκμήριον παρέσχεν, οὔτε
δίκην οὔτε ψήφισμα, καίπερ εἰωθὼς ἐπιεικῶς γράφειν τὰ
τοιαῦτα καὶ παρατίθεσθαι τοὺς ἱστοροῦντας.*
Plut. Kim. 13 von dem frieden des Kallias: *ἐν δὲ τοῖς
ψηφίσμασιν ἃ συνήγαγε Κρατερὸς ἀντίγραφα συνθηκῶν ὡς
γενομένων κατατέτακται.*

§ 42.   Duris von Samos.

Müller FHG II 466. Duridis Samii quae supersunt ed. I. G. Hullemann.
Traj. ad Rh. 1841. Gdfr. Eckertz, d. Duride Samio. Bonn 1812.

Diod. XV 60 ol. 102, 3. 370 *Δοῦρις δ' ὁ Σάμιος [ὁ]
ἱστοριογράφος τῆς τῶν Ἑλληνικῶν ἱστορίας ἐντεῦθεν ἐποι-
ήσατο τὴν ἀρχήν.*
Suidas: *Λυγκεὺς Σάμιος, γραμματικός, Θεοφράστου γνώ-
ριμος, ἀδελφὸς Δούριδος τοῦ ἱστοριογράφου τοῦ καὶ τυραννή-
σαντος Σάμου. σύγχρονος δὲ γέγονεν ὁ Λυγκεὺς Μενάνδρου
τοῦ κωμικοῦ († 292) καὶ ἀντεπεδείξατο κωμῳδίας καὶ ἐνίκησεν.*
Athen. IV p. 128ᵃ *Ἱππόλοχος ὁ Μακεδὼν — τοῖς χρό-
νοις μὲν γέγονε κατὰ Λυγκέα καὶ Δοῦριν τοὺς Σαμίους, Θεο-
φράστου δὲ τοῦ Ἐρεσίου μαθητάς.* VIII p. 337ᵈ *Λυγκεὺς
δ' ὁ Σάμιος, ὁ Θεοφράστου μὲν μαθητής, Δούριδος δὲ ἀδελ-
φὸς τοῦ τὰς ἱστορίας γράψαντος καὶ τυραννήσαντος τῆς
πατρίδος.*

Plut. Alkib. 32 (fr. 64) ἃ δὲ Δοῦρις ὁ Σάμιος, Ἀλκι- §42.
βιάδου φάσκων ἀπόγονος εἶναι, προστίθησι τούτοις ... οὔτε
Θεόπομπος οὔτ᾽ Ἔφορος οὔτε Ξενοφῶν γέγραφεν· οὔτ᾽ εἰ-
κὸς ἦν κτέ.

Ders. Perikl. 28 (fr. 60) Δοῦρις δ᾽ ὁ Σάμιος τούτοις
ἐπιτραγῳδεῖ πολλὴν ὠμότητα τῶν Ἀθηναίων καὶ τοῦ Περι-
κλέους κατηγορῶν, ἣν οὔτε Θουκυδίδης ἱστόρηκεν οὔτ᾽
Ἔφορος οὔτ᾽ Ἀριστοτέλης· ἀλλ᾽ οὐδ᾽ ἀληθεύειν ἔοικεν —.
Δοῦρις μὲν οὖν, οὐδ᾽ ὅπου μηδὲν αὐτῷ πρόσεστιν ἴδιον
πάθος εἰωθὼς κρατεῖν τὴν διήγησιν ἐπὶ τῆς ἀληθείας, μᾶλ-
λον ἔοικεν ἐνταῦθα δεινῶσαι τὰς τῆς πατρίδος συμφορὰς
ἐπὶ διαβολῇ τῶν Ἀθηναίων.

Phot. bibl. cod. 176 p. 121ᵃ, 41 Δοῦρις μὲν οὖν ὁ Σά-
μιος ἐν τῇ πρώτῃ τῶν αὐτοῦ ἱστοριῶν οὕτω φησίν ᾿Ἔφο-
ρος δὲ καὶ Θεόπομπος τῶν γενομένων (προγενομένων Casau-
bonus) πλεῖστον ἀπελείφθησαν. οὔτε γὰρ μιμήσεως μετέλα-
βον οὐδεμιᾶς οὔτε ἡδονῆς ἐν τῷ φράσαι, αὐτοῦ δὲ τοῦ γρά-
φειν μόνον ⟨τὰ γενόμενα?⟩ ἐπεμελήθησαν.᾽ καίτοι Δοῦρις
καὶ τῆς ἐν αὐτοῖς τούτοις οἰκονομίας, οἷς αἰτιᾶται, πολλὰ
τῶν ἀνδρῶν λειπόμενος.

Cic. ad Att. VI 1, 18 *Duris Samius, homo in historia
diligens.* Dionys. de comp. verb. 4 p. 30 findet ihn unlesbar.

Die Ἱστορίαι (auch als Ἑλληνικά und als Μακεδονικά
citiert) wurden von Diodor benutzt.

Fr. 40 b. Diod. XXI fr. 6 p. 490 W. handelt von der
schlacht bei Sentinum 295 v. Chr.: ὅτι ἐπὶ τοῦ πολέμου τῶν
Τυρρηνῶν καὶ Γαλατῶν καὶ Σαμνιτῶν καὶ τῶν ἑτέρων συμ-
μάχων ἀνῃρέθησαν ὑπὸ Ῥωμαίων Φαβίου ὑπατεύοντος δέκα
μυριάδες, ὥς φησι Δοῦρις.

Fr. 33 b. Plin. NH. VIII 143 betrifft den tod des kö-
nigs Lysimachos 281.

Ferner schrieb Duris τὰ περὶ Ἀγαθοκλέα, Σαμίων ὧροι
u. a. m.

§ 43. Sicilische geschichte.
Athanis von Syrakus.

Müller FHG II 81. I. Fr. Iul. Arnoldt de Athana. Gumbinn. 1846. 4.
Ders. Timoleon. G. 1850 p. 12.

Diod. 15, 94 ol. 104, 3. 362 τῶν δὲ συγγραφέων Ἀθά-

§ 43. νας ὁ Συρακόσιος τῶν περὶ Δίωνα πράξεων ἐντεῦθεν ἀρ-
ξάμενος ἔγραψε μὲν βίβλους ιγ΄, προσανέλαβε δὲ τὸν ἄγρα-
φον χρόνον ἐτῶν ζ΄ ἀπὸ τῆς Φιλίστου συντάξεως ἐν μιᾷ
βίβλῳ καὶ διελθὼν τὰς πράξεις ἐν κεφαλαίοις συνεχῆ τὴν
ἱστορίαν ἐποίησεν.

Philistos' sicilische geschichte endete mit ol. 104, 2. 363, 2
(§ 23 s. 40). das 1. buch von Athanis umfaszte die sieben
ferneren jahre des jüngeren Dionysios bis zu dessen vertrei-
bung durch Dion ol. 106, 1. 356.

Athen. III p. 98ᵈ citiert Ἄθανις ἐν πρώτῳ Σικελικῶν
über Dionysios; Plutarch im leben Timoleons 23. 37 Ἄθανις.

Theopomp. XL fr. 212 προστάται δὲ τῆς πόλεως ἦσαν
τῶν μὲν Συρακοσίων Ἄθηνις καὶ Ἡρακλείδης, τῶν δὲ μι-
σθοφόρων Ἀρχέλαος ὁ Δυμαῖος (ol. 106, 1. 356).

Kallias und Antandros von Syrakus.

Müller FHG II 382.

Τὰ περὶ Ἀγαθοκλέα.

Diod. XXI fr. 16, 5 p. 492 W. Ἀγαθοκλῆς — πρέπου-
σαν ἔσχε τῇ παρανομίᾳ τὴν τοῦ βίου καταστροφήν, δυνα-
τεύσας μὲν ἔτη β΄ τῶν λ΄ λείποντα, βιώσας δὲ β΄ πρὸς τοῖς
ο΄ ἔτη, καθὼς Τίμαιος ὁ Συρακόσιος συγγράφει, καὶ Καλλίας
καὶ αὐτὸς Συρακόσιος κβ΄ βίβλους συγγράψας, καὶ Ἄνταν-
δρος ὁ ἀδελφὸς Ἀγαθοκλέους καὶ αὐτὸς συγγραφεύς.

Ebend. fr. 17, 4 p. 561 ὅτι καὶ Καλλίας ὁ Συρακόσιος
δικαίως καὶ προσηκόντως κατηγορίας ἀξιωθείη. ἀναληφθεὶς
γὰρ ὑπ' Ἀγαθοκλέους καὶ δώρων μεγάλων ἀποδόμενος τὴν
προφῆτιν τῆς ἀληθείας [ἱστορίαν], οὐ διαλέλοιπεν ἀδίκως
ἐγκωμιάζων τὸν μισθοδότην. οὐκ ὀλίγων γὰρ αὐτῷ πεπρα-
γμένων πρὸς ἀσεβείας θεῶν καὶ παρανομίας ἀνθρώπων φη-
σὶν ὁ συγγραφεὺς αὐτὸν εὐσεβείᾳ καὶ φιλανθρωπίᾳ πολὺ
τοὺς ἄλλους ὑπερβεβληκέναι. καθόλου δέ, καθάπερ Ἀγα-
θοκλῆς ἀφαιρούμενος τὰ τῶν πολιτῶν ἐδωρεῖτο τῷ συγγρα-
φεῖ μηδὲν προσήκοντα παρὰ τὸ δίκαιον, οὕτως ὁ θαυμαστὸς
ἱστοριογράφος ἐχαρίζετο διὰ τῆς γραφῆς ἅπαντα τἀγαθὰ τῷ
δυνάστῃ. ῥᾴδιον δ' ἦν, οἶμαι, πρὸς ἄμειψιν χάριτος τῷ
γραφεῖ τῶν ἐγκωμίων μὴ λειφθῆναι τῆς ἐκ τοῦ βασιλικοῦ
γένους δωροδοκίας.

Dionys. arch. I 72 p. 182 (fr. 5) Καλλίας δ' ὁ τὰς Ἀγα-

θοκλέους πράξεις ἀναγράψας Ῥώμην τινὰ Τρωάδα τῶν ἀφι- § 43.
κνουμένων ἅμα τοῖς ἄλλοις Τρωσὶν εἰς Ἰταλίαν γήμασθαι Λα-
τίνῳ τῷ βασιλεῖ τῶν Ἀβοριγίνων καὶ γεννῆσαι τρεῖς παῖδας,
Ῥῶμον καὶ Ῥωμύλον καὶ Τηλέγονον· ⟨καὶ τοῦτον μὲν μετα-
ναστῆναι, Ῥῶμον δὲ καὶ Ῥωμύλον ὑπομεῖναι,⟩ οἰκίσαντας δὲ
πόλιν, ἀπὸ τῆς μητρὸς αὐτῇ θέσθαι τοὔνομα.

§ 44. Timaeos von Tauromenion.

Müller FHG I XLIX. Iul. Arnoldt de historiis Timaei opinionum ab
editore Parisino conceptarum refutatio. Gumbinn 1841. 4.

Suidas: *Τίμαιος Ἀνδρομάχου Ταυρομενίτης, ὃν Ἀθη-
ναῖοι Ἐπιτίμαιον ὠνόμασαν· Φιλίσκου μαθητὴς τοῦ Μιλησίου.
παρωνόμαστο δὲ τοῦτο διὰ τὸ πολλὰ ἐπιτιμᾶν, καὶ Γραο-
συλλέκτρια δὲ διὰ τὸ τὰ τυχόντα ἀναγράφειν. ἔγραψεν Ἰτα-
λικὰ καὶ Σικελικὰ ἐν βιβλίοις η', Ἑλληνικὰ καὶ Σικελικά,
συλλογὴν ῥητορικῶν ἀφορμῶν, βιβλία ξη', ὀλυμπιονίκας ἢ
χρονικὰ πραξίδια. — ἔγραψε περὶ Συρίας καὶ τῶν ἐν αὐτῇ
πόλεων καὶ βασιλέων βιβλία γ'.*

Athen. VI p. 272ᵇ *Τίμαιος δ' ὁ Ταυρομενίτης — ἔφη
—· αὐτὸς εἰπὼν ὁ Ἐπιτίμαιος, οὕτως δ' αὐτὸν καλεῖ Ἴστρος
ὁ Καλλιμάχειος ἐν ταῖς πρὸς αὐτὸν ἀντιγραφαῖς.*

Diod. V 1 *Τίμαιος μὲν οὖν μεγίστην πρόνοιαν πεποιη-
μένος τῆς τῶν χρόνων ἀκριβείας καὶ τῆς πολυπειρίας πεφρον-
τικώς, διὰ τὰς ἀκαίρους καὶ πικρὰς ἐπιτιμήσεις εὐλόγως
διαβάλλεται, καὶ διὰ τὴν ὑπερβολὴν τῆς ἐπιτιμήσεως Ἐπι-
τίμαιος ὑπό τινων ὠνομάσθη.*

Diod. XVI 7 ol. 105, 3. 357 *Ἀνδρόμαχος ὁ Ταυρομενί-
της, Τιμαίου μὲν τοῦ τὰς ἱστορίας συγγράψαντος πατὴρ ὤν,
πλούτῳ δὲ καὶ ψυχῆς λαμπρότητι διαφέρων, ἤθροισε τοὺς
ἐκ τῆς Νάξου τῆς κατασκαφείσης ὑπὸ Διονυσίου περιλει-
φθέντας, οἰκίσας δὲ τὸν ὑπὲρ τῆς Νάξου λόφον τὸν ὀνο-
μαζόμενον Ταῦρον — ὠνόμασε Ταυρομένιον.*

Plut. Timol. 10: Timoleon und die korinthischen trieren
*κατήχθησαν εἰς Ταυρομένιον τῆς Σικελίας ὑποδεχομένου καὶ
καλοῦντος αὐτοὺς ἔτι πάλαι προθύμως Ἀνδρομάχου τοῦ τὴν
πόλιν ἔχοντος καὶ δυναστεύοντος. οὗτος ἦν πατὴρ Τιμαίου
τοῦ ἱστορικοῦ καὶ πολὺ κράτιστος τῶν τότε δυναστευόντων
ἐν Σικελίᾳ γενόμενος τῶν τε ἑαυτοῦ πολιτῶν ἡγεῖτο νομί-
μως καὶ δικαίως καὶ πρὸς τοὺς τυράννους φανερὸς ἦν ἀεὶ*

6*

§ 44. διακείμενος ἀπεχθῶς καὶ ἀλλοτρίως. vgl. c. 11. Diod. XVI 68 (ol. 108, 4. 344).

Marcell. 1. d. Thuk. α § 27 *Τίμαιος δὲ ὁ Ταυρομενίτης Τιμολέοντα ὑπερεπήνεσε τοῦ μετρίου, καθότι Ἀνδρόμαχον τὸν αὐτοῦ πατέρα οὐ κατέλυσε τῆς μοναρχίας.* Polyb. XII 23 *Τίμαιος δὲ μείζω ποιεῖ Τιμολέοντα τῶν ἐπιφανεστάτων θεῶν.* — *ἀλλά μοι δοκεῖ πεισθῆναι Τίμαιος ὡς, ἂν Τιμολέων, πεφιλοδοξηκὼς ἐν αὐτῇ Σικελίᾳ, καθάπερ ἐν ὀξυβάφῳ, σύγκριτος φανῇ τοῖς ἐπιφανεστάτοις τῶν ἡρώων, κἂν αὐτὸς ὑπὲρ Ἰταλίας μόνον καὶ Σικελίας πραγματευόμενος εἰκότως παραβολῆς ἀξιωθῆναι τοῖς ὑπὲρ τῆς οἰκουμένης καὶ τῶν καθόλου πράξεων πεποιημένοις τὰς συντάξεις.* vgl. c. 26ʰ. Timaeos flüchtete vor Agathokles vermutlich ol. 115, 4. 317 (Diod. XIX 8; oder ol. 117, 3. 310 cb. XX 4) und kehrte erst nach funfzig jahren nach Sicilien zurück. er erlebte noch die ersten zeiten des punischen kriegs der Römer.

Polyb. XII 25ʰ *ὅτι Τίμαιός φησιν ἐν τῇ λ' καὶ δ' βίβλῳ „πεντήκοντα συνεχῶς ἔτη διατρίψας Ἀθήνησι ξενιτεύων καὶ πάσης ὁμολογουμένως ἄπειρος ἐγενόμην πολεμικῆς χρείας, ἔτι δὲ καὶ τῆς τῶν τόπων θέας.* vgl. c. 25ᵈ *ἀποκαθίσας γὰρ Ἀθήνησι σχεδὸν ἔτη πεντήκοντα καὶ πρὸς τοῖς τῶν προγεγονότων ὑπομνήμασι γενόμενος, ὑπέλαβε τὰς μεγίστας ἀφορμὰς ἔχειν πρὸς τὴν ἱστορίαν. ἀγνοῶν, ὥς γ' ἐμοὶ δοκεῖ.* Plut. de exil. 14 p. 605ᶜ *Τίμαιος ὁ Ταυρομενίτης (συνέγραψεν) ἐν Ἀθήναις.* [Lukian.] Makrob. 22 *Τίμαιος ὁ Ταυρομενίτης (ἔζησεν ἔτη) ϛ' καὶ ϙ'.*

Timaeos' hauptwerk Ἱστορίαι (auch κοιναὶ ἱστορίαι, Ἰταλικὰ καὶ Σικελικά, Σικελικὰ καὶ Ἑλληνικά) gieng von den ältesten zeiten bis 264 v. Ch. Polyb. I 5 *αὕτη (ἡ πρώτη διάβασις ἐξ Ἰταλίας Ῥωμαίων) δ' ἐστὶ συνεχὴς μὲν τοῖς ἀφ' ὧν Τίμαιος ἀπέλιπε, πίπτει δὲ κατὰ τὴν ἐνάτην καὶ εἰκοστὴν πρὸς ταῖς ἑκατὸν ὀλυμπιάδα.* Citiert werden von den ἱστορίαι 38 bb. und 5 bb. über Agathokles.

Polyb. XII 10 *διότι τοῦτ' ἴδιόν ἐστι Τιμαίου, καὶ ταύτῃ παρημίλληται τοὺς ἄλλους συγγραφέας καὶ καθόλου τοσαύτης τέτευχεν ἀποδοχῆς (λέγω δὲ κατὰ τὴν ἐν τοῖς χρόνοις* καὶ ταῖς ἀναγραφαῖς ἐπίφασιν τῆς ἀκριβείας καὶ τὴν περὶ § 44. τοῦτο τὸ μέρος ἐπιμέλειαν), δοκῶ, πάντες γινώσκομεν. — 11 ὁ γὰρ τὰς συγκρίσεις ποιούμενος ἀνέκαθεν τῶν ἐφόρων πρὸς τοὺς βασιλεῖς τοὺς ἐν Λακεδαίμονι, καὶ τοὺς ἄρχοντας τοὺς Ἀθήνησι καὶ τὰς ἱερείας τὰς ἐν Ἄργει παραβάλλων πρὸς τοὺς ὀλυμπιονίκας, καὶ τὰς ἁμαρτίας τῶν πόλεων περὶ τὰς ἀναγραφὰς τὰς τούτων ἐξελέγχων, παρὰ τρίμηνον ἐχούσας τὸ διαφέρον, οὗτος ἐστίν. καὶ μὴν ὁ τὰς ὀπισθοδόμους στήλας καὶ τὰς ἐν ταῖς φλιαῖς τῶν νεῶν προξενίας ἐξευρηκὼς Τίμαιός ἐστιν.

Joseph. w. Apion I 3 p. 176 Bk. — τίνα τρόπον Ἔφορος μὲν Ἑλλάνικον ἐν τοῖς πλείστοις ψευδόμενον ἐπιδείκνυσιν, Ἔφορον δὲ Τίμαιος, καὶ Τίμαιον οἱ μετ' ἐκεῖνον γεγονότες, Ἡρόδοτον δὲ πάντες. ἀλλ' οὐδὲ περὶ τῶν Σικελικῶν τοῖς περὶ Ἀντίοχον καὶ Φίλιστον ἢ Καλλίαν Τίμαιος συμφωνεῖν ἠξίωσεν, οὐδ' αὖ περὶ τῶν Ἀττικῶν οἱ τὰς Ἀτθίδας συγγεγραφότες ἢ περὶ τῶν Ἀργολικῶν οἱ τὰ περὶ Ἄργος ἱστοροῦντες ἀλλήλοις κατηκολουθήκασιν. über Timaeos' invectiven gegen Philistos s. § 23 s. 41. 43.

Gegen Timaeos schrieben Istros und Polemon § 53. Polybios XII 3—28 vertheidigt Aristoteles Theophrastos Kallisthenes, desgleichen Theopomp Ephoros Demochares gegen die schmähungen des Timaeos.

Polyb. XII 7 ὅτι πολλὰ ἱστορεῖ ψευδῆ ὁ Τίμαιος, καὶ δοκεῖ τὸ παράπαν οὐκ ἄπειρος ὢν οὐδενὸς τῶν τοιούτων· ὑπὸ δὲ τῆς φιλονεικίας ἐπισκοτούμενος, ὅταν ἅπαξ ἢ ψέγειν ἢ τοὐναντίον ἐγκωμιάζειν τινὰ προθῆται, πάντων ἐπιλανθάνεται καὶ πολύ τι τοῦ καθήκοντος παρεκβαίνει.

Eb. 24 οὗτος γὰρ ἐν μὲν ταῖς τῶν πέλας κατηγορίαις πολλὴν ἐπιφαίνει δεινότητα καὶ τόλμαν, ἐν δὲ ταῖς ἰδίαις ἀποφάσεσιν ἐνυπνίων καὶ τεράτων καὶ μύθων ἀπιθάνων καὶ συλλήβδην δεισιδαιμονίας ἀγεννοῦς καὶ τερατείας γυναικώδους ἐστὶ πλήρης.

Eb. 25ᶜ ἴσως δ' οὖν ἄν τις ἐπαπορήσειε πῶς τοιοῦτος ὢν, οἷον ἡμεῖς ὑποδείκνυμεν, τοσαύτης παρ' ἐνίοις ἀποδοχῆς τέτευχε καὶ πίστεως. τούτου δ' ἐστὶν αἴτιον διότι πλεοναζούσης αὐτῷ κατὰ τὴν πραγματείαν τῆς κατὰ τῶν ἄλλων ἐπιτιμήσεως καὶ λοιδορίας οὐκ ἐκ τῆς αὐτοῦ θεωρεῖται πραγματείας οὐδ' ἐκ τῶν ἰδίων ἀποφάσεων, ἀλλ' ἐκ τῆς τῶν

§ 44. πέλας κατηγορίας. πρὸς ὃ γένος καὶ πολυπραγμοσύνην δοκεῖ μοι καὶ φύσιν προσενέγκασθαι διαφέρουσαν.

Eb. 26ᵈ καὶ μάλιστα ταύτην γ' ἐνείργασται τὴν δόξαν ἐκ τῶν περὶ τὰς ἀποικίας καὶ κτίσεις καὶ συγγενείας ἀποφάσεων· ἐν γὰρ ταύταις τηλικαύτην ἐπίφασιν ποιεῖται τῆς ἀκριβολογίας καὶ τῆς πικρίας τῆς ἐπὶ τῶν ἐλέγχων οἷς χρῆται κατὰ τῶν πέλας, ὥστε δοκεῖν τοὺς ἄλλους συγγραφέας ἅπαντας συγκεκοιμῆσθαι τοῖς πράγμασι καὶ κατεσχεδιακέναι τῆς οἰκουμένης, αὐτὸν δὲ μόνον ἐξητακέναι τὴν ἀκρίβειαν καὶ διευκρινηκέναι τὰς ἐν ἑκάστοις ἱστορίας, ἐν οἷς πολλὰ μὲν ὑγιῶς λέγεται πολλὰ δὲ καὶ ψευδῶς . . .

Eb. 28 . . κἀγὼ δ' ἂν εἴποιμι διότι τὰ τῆς ἱστορίας ἕξει τότε καλῶς, ὅταν ἢ οἱ πραγματικοὶ τῶν ἀνδρῶν γράφειν ἐπιχειρήσωσι τὰς ἱστορίας —, ἢ οἱ γράφειν ἐπιβαλλόμενοι τὴν ἐξ αὐτῶν τῶν πραγμάτων ἕξιν ἀναγκαίαν ἡγήσονται πρὸς τὴν ἱστορίαν. πρότερον δ' οὐκ ἔσται παῦλα τῆς τῶν ἱστοριογράφων ἀγνοίας. ὧν ὁ Τίμαιος οὐδὲ τὴν ἐλαχίστην πρόνοιαν θέμενος, ἀλλὰ καταβιώσας ἐν ἑνὶ τόπῳ ξενιτεύων, καὶ σχεδὸν ὡσανεὶ κατὰ πρόθεσιν ἀπειπάμενος καὶ τὴν ἐνεργητικὴν τὴν περὶ τὰς πολεμικὰς καὶ πολιτικὰς πράξεις καὶ τὴν ἐκ τῆς πλάνης καὶ θέας αὐτοπάθειαν, οὐκ οἶδ' ὅπως ἐκφέρεται δόξαν ὡς ἕλκων τὴν τοῦ συγγραφέως προστασίαν.

Eb. 28ᵃ αὐτὸ τὸ συναθροῖσαί φησι τὴν παρασκευὴν τὴν πρὸς τὴν ἱστορίαν μεῖζον ἔργον εἶναι τῆς ὅλης πραγματείας τῆς περὶ τοὺς ἐπιδεικτικοὺς λόγους· αὐτὸς γοῦν τηλικαύτην ὑπομεμενηκέναι δαπάνην καὶ κακοπάθειαν τοῦ συναγαγεῖν τὰ παρ' Ἀσσυρίων ὑπομνήματα καὶ πολυπραγμονῆσαι τὰ Λιγύων ἔθη καὶ Κελτῶν, ἅμα δὲ τούτοις Ἰβήρων, ὥστε μήτ' ἂν αὐτὸς ἐλπίσαι μήτ' αὖ ἑτέροις ἐξηγουμένοις πεισθῆναι περὶ τούτων.

Diod. XXI fr. 17 p. 560 ὅτι οὗτος ὁ ἱστορικός, τὰς ἁμαρτίας τῶν πρὸ ἑαυτοῦ συγγραφέων πικρότατα ἐλέγξας, κατὰ μὲν τἆλλα μέρη τῆς γραφῆς πλείστην πρόνοιαν εἶχε τῆς ἀληθείας, ἐν δὲ ταῖς Ἀγαθοκλέους πράξεσι τὰ πολλὰ κατέψευσται τοῦ δυνάστου διὰ τὴν πρὸς αὐτὸν ἔχθραν. φυγαδευθεὶς γὰρ ὑπ' Ἀγαθοκλέους ἐκ τῆς Σικελίας ζῶντα μὲν ἀμύνασθαι τὸν δυνάστην οὐκ ἴσχυσε, τελευτήσαντα δὲ διὰ τῆς ἱστορίας ἐβλασφήμησεν εἰς τὸν αἰῶνα. καθόλου γὰρ ταῖς προϋπαρχούσαις τῷ βασιλεῖ τούτῳ κακίαις ἄλλα πολλὰ παρ' ἑαυτοῦ προσθεὶς ὁ συγγραφεύς, τὰς μὲν εὐημερίας

ἀφαιρούμενος αὐτοῦ, τὰς δὲ ἀποτεύξεις, οὐ τὰς δι' αὐτὸν §41.
μόνον γενομένας ἀλλὰ καὶ τὰς διὰ τύχην, μεταφέρων εἰς τὸν
μηδὲν ἐξαμαρτόντα . . . . . θαυμάσαι δ' ἄν τις τοῦ συγ-
γραφέως τὴν εὐχέρειαν· παρ' ὅλην γὰρ τὴν γραφὴν ἐγκω-
μιάζων τὴν τῶν Συρακουσίων ἀνδρείαν, τὸν τούτων κρατή-
σαντα δειλίᾳ φησὶ διενηνοχέναι τοὺς ἅπαντας ἀνθρώπους.
διὰ γὰρ τῶν ἐν ταῖς ἐναντιώσεσιν ἐλέγχων φανερός ἐστι τὸ
φιλάληθες τῆς ἱστορικῆς παρρησίας προδεδωκὼς ἰδίας ἕνε-
κεν ἔχθρας καὶ φιλονεικίας. διόπερ τὰς ἐσχάτας τῆς συν-
τάξεως πέντε βίβλους τοῦ συγγραφέως τούτου, καθ' ἃς πε-
ριείληφε τὰς Ἀγαθοκλέους πράξεις, οὐκ ἄν τις δικαίως ἀπο-
δέξαιτο. vgl. Polyb. XII 15.

Gell. XI 1, 1 *Timaeus in historiis, quas oratione Graeca
de rebus populi Romani composuit, et M. Varro in antiquitati-
bus rerum humanarum terram Italiam de Graeco vocabulo ap-
pellatam scripserunt, quoniam boves Graeca vetere lingua Itali
vocitati sint.*

Dionys. arch. I 67 p. 170 von den Penaten: σχήματος
δὲ καὶ μορφῆς αὐτῶν πέρι Τίμαιος μὲν ὁ συγγραφεὺς ὧδε
ἀποφαίνεται· κηρύκια σιδηρᾶ καὶ χαλκᾶ καὶ κέραμον Τρωι-
κὸν εἶναι τὰ ἐν τοῖς ἀδύτοις τοῖς ἐν Λαουϊνίῳ κείμενα ἱερά,
πυθέσθαι δὲ αὐτὸς ταῦτα παρὰ τῶν ἐπιχωρίων.

Eb. 74 p. 187 τὸν δὲ τελευταῖον τῆς Ῥώμης γενόμενον
οἰκισμὸν — Τίμαιος μὲν ὁ Σικελιώτης — ἅμα Καρχηδόνι
κτιζομένῃ γενέσθαι φησὶν ἡ' καὶ λ' πρότερον ἔτει τῆς πρώ-
της ὀλυμπιάδος.

[Skymnos] περιήγησις vs. 209 (Müller geogr. gr. m. I
p. 204) Μασσαλία δ' ἔστ' ἐχομένη, ‖ πόλις μεγίστη, Φωκα-
έων ἀποικία. ‖ ἐν τῇ Λιγυστικῇ δὲ ταύτην ἔκτισαν ‖ πρὸ
τῆς μάχης τῆς ἐν Σαλαμῖνι γενομένης ‖ ἔτεσιν πρότερον,
ὥς φασιν, ἑκατὸν εἴκοσι. ‖ Τίμαιος οὕτως ἱστορεῖ δὲ τὴν
κτίσιν.

Plin. NH XXXIII 43 *Servius rex primus signavit aes*;
antea rudi usos Romae Timaeus tradit.

Den krieg des Pyrrhos mit den Römern behandelte Ti-
maeos in einer besonderen schrift:

Dionys. arch. I 6 p. 17 πρώτου μὲν — τὴν Ῥωμαϊκὴν
ἀρχαιολογίαν ἐπιδραμόντος Ἱερωνύμου τοῦ Καρδιανοῦ . . .
. . . . ., ἔπειτα Τιμαίου τοῦ Σικελιώτου τὰ μὲν ἀρχαῖα τῶν
ἱστοριῶν ἐν ταῖς κοιναῖς ἱστορίαις ἀφηγησαμένου, τοὺς δὲ

§ 44. πρὸς Πύρρον τὸν Ἠπειρώτην πολέμους εἰς ἰδίαν καταχωρίσαντος πραγματείαν.

Cic. ep. ad fam. V 12, 2 *ut multi Graeci fecerunt, Callisthenes Phocicum bellum, Timaeus Pyrrhi, Polybius Numantinum, qui omnes a perpetuis suis historiis ea quae dixi bella separaverunt.*
Polyb. XII 4ʰ ἐν τοῖς περὶ τοῦ Πύρρου πάλιν φησὶ (Τίμαιος) . . . Timaeos ward von Trogus Pompejus und für die ältere geschichte Siciliens von Diodor benutzt.
Schreibweise des Timaeos:
Cicero de orat. II 14, 58 *minimus natu horum omnium Timaeus, quantum autem iudicare possum, longe eruditissimus et rerum copia et sententiarum varietate abundantissimus et ipsa compositione verborum non impolitus, magnam eloquentiam ad scribendum attulit, sed nullum usum forensem.* Brut. 95, 325 *genera autem Asiaticae dictionis duo sunt, unum sententiosum et argutum, sententiis non tam gravibus et severis quam concinnis et venustis; qualis in historia Timaeus — fuit.*
Dionys. Deinarch. 8 p. 646 οἱ δ᾽ Ἰσοκράτην καὶ τὰ Ἰσοκράτους ἀποτυπώσασθαι θελήσαντες ὕπτιοι καὶ ψυχροὶ καὶ ἀναλήθεις (ἐγένοντο)· οὗτοι δ᾽ εἰσὶν οἱ περὶ Τίμαιον καὶ Ψάωνα καὶ Σώσιλον (Σωσιγένην v.).
[Longin.] π. ὕψους 4, 1 τοῦ ψυχροῦ πλήρης ὁ Τίμαιος, ἀνὴρ τὰ μὲν ἄλλα ἱκανὸς καὶ πρὸς λόγων ἐνίοτε μέγεθος οὐκ ἄφορος, πολυΐστωρ, ἐπινοητικός, πλὴν ἀλλοτρίων μὲν ἐλεγκτικώτατος ἁμαρτημάτων, ἀνεπαίσθητος δὲ ἰδίων· ὑπὸ δ᾽ ἔρωτος τοῦ ξένας νοήσεις ἀεὶ κινεῖν πολλάκις ἐκπίπτων εἰς τὸ παιδαριωδέστατον. παραθήσομαι δὲ τἀνδρὸς ἓν ἢ δύο, ἐπειδὴ τὰ πλείω προέλαβεν ὁ Καικίλιος κτέ. vgl. Plut. Nikias 1.

2. Öffentliche beredsamkeit. Staatswissenschaft. Biographien. Culturgeschichte. Rationalismus in der Mythologie.

§ 45.   Demegorien und reden in staatsprocessen.

Dionysios erstes schr. an Ammaeos VI p. 719—749 R. Dess. Deinarchos V p. 629 — 668 R. Benj. Gotthold Weiske de hyperbole errorum in historia Philippi Am. f. commissorum genitrice Lips. 1818 s. § 45. vgl. § 26.

Aeschines. κατὰ Τιμάρχου 345.
περὶ παραπρεσβείας 343.
κατὰ Κτησιφῶντος 330.
Lykurgos. κατὰ Λεωκράτους 330.
Demosthenes.
22. κατὰ Ἀνδροτίωνος παρανόμων 355.
20. περὶ τῆς ἀτελείας πρὸς Λεπτίνην 355/4.
14. περὶ τῶν συμμοριῶν 354.
24. κατὰ Τιμοκράτους 352.
16. ὑπὲρ Μεγαλοπολιτῶν 352.
23. κατὰ Ἀριστοκράτους 352.
4. κατὰ Φιλίππου α′ 351.
15. περὶ τῆς Ῥοδίων ἐλευθερίας 351.
21. κατὰ Μειδίου 349.
1. 2. 3. Ὀλυνθιακὸς α′. β′. γ′. 349/8.
5. περὶ εἰρήνης 346.
6. κατὰ Φιλίππου β′. 344.
19. κατ᾽ Αἰσχίνου περὶ τῆς παραπρεσβείας 343.
8. περὶ τῶν ἐν Χερρονήσῳ 341.
9. κατὰ Φιλίππου γ′. 341.
18. ὑπὲρ Κτησιφῶντος περὶ τοῦ στεφάνου 330.

Hegesippos περὶ Ἁλοννήσου (oder πρὸς τοὺς Φιλίππου πρέσβεις) 342. von unbekannter hand περὶ τῶν πρὸς Ἀλέξανδρον συνθηκῶν 330.

Hypereides. in den ägyptischen katakomben aufgefundene fragmente der reden κατὰ Δημοσθένους 324, ὑπὲρ Εὐξενίππου εἰσαγγελίας ἀπολογία, ὑπὲρ Λυκόφρονος, λόγος ἐπιτάφιος 322, zuerst herausgegeben von Churchill Babington 1850. 53. 58.

Deinarchos (von Korinth). reden aus dem harpalischen processe (324) κατὰ Δημοσθένους, κατὰ Ἀριστογείτονος, κατὰ Φιλοκλέους.

Demochares. Müller FHG II 445.

Cic. Brut. 83, 286 *Demochares autem, qui fuit Demostheni sororis filius, et orationes scripsit aliquot et earum rerum historiam, quae erant Athenis ipsius aetate gestae, non tam historico quam oratorio genere perscripsit.*

§ 45.   Von den Ἰστορίαι wird das 20. und 21. buch citiert.
vgl. Polyb. XII 13 s.

§ 46.   Aristoteles und die peripatetische schule.

Cic. de legg. III 6, 14 . . *veteres verbo tenus acute illi
quidem, sed non ad hunc usum popularem atque civilem de re
publica disserebant. ab hac familia magis ista manarunt Pla-
tone principe. post Aristoteles illustravit omnem hunc civilem
in disputando locum Heraclidesque Ponticus profectus ab eodem
Platone. Theophrastus vero institutus ab Aristotele habitavit,
ut scitis, in eo genere rerum ab eodemque Aristotele doctus Di-
caearchus huic rationi studioque non defuit. post a Theophra-
sto Phalereus ille Demetrius . . . . mirabiliter doctrinam ex
umbraculis eruditorum otioque non modo in solem atque pulve-
rem, sed in ipsum discrimen aciemque produxit.*

Aristoteles. † 322.

Opera ed. academia regia Borussica. v voll. Berol. 1831—1870. Zu den
fragmenten vgl. Müller FHG II 102, Valent. Rose Aristoteles
pseudepigraphus. Lips. 1863. Emil Heitz die verlorenen schriften
des Aristoteles. Leipz. 1865. Jac. Bernays die dialoge des Ar. in
ihrem verhältnis zu seinen übrigen werken. Berl. 1863.

Dialoge πολιτικός 2 bb.   περὶ δικαιοσύνης 4 bb.   περὶ
βασιλείας. Ἀλέξανδρος ἢ περὶ ἀποικιῶν.

Πολιτεῖαι πόλεων δυοῖν δεούσαιν ρξ᾽, κοιναὶ καὶ ἴδιαι,
δημοκρατικαί, ὀλιγαρχικαί, ἀριστοκρατικαί, τυραννικαί (Diog.
I. V 27) — κατὰ στοιχεῖον.

Ἠθικὰ Νικομάχεια 10 bb. Πολιτικά 8 bb. Δικαιώματα.
Cic. de fin. V 4, 11 *omnium fere civitatum non Graeciae
solum sed etiam barbariae ab Aristotele mores instituta discipli-
nas, a Theophrasto leges etiam cognovimus. cumque uterque
eorum docuisset qualem in re publica principem ⟨esse⟩ conveniret,
pluribus praeterea conscripsisset qui esset optimus rei publicae
status, hoc amplius Theophrastus, quae essent in re publica re-
rum inclinationes et momenta temporum, quibus esset moderan-
dum utcumque res postularet.*

Theophrastos von Eresos. † 287.

Usener analecta Theophrastea. Lips. 1858.

Νόμοι κατὰ στοιχεῖον 24 bb. περὶ βασιλείας. περὶ βίων

3 bb. *πολιτικά* 6 bb. *πολιτικά πρὸς τοὺς καιροὺς* 4 bb. *πο* §46. *λιτικὰ ἔθη* 4 bb. *περὶ τῆς ἀρίστης πολιτείας. περὶ εὑρημά-των* 2 bb. *ἱστορικὰ ὑπομνήματα.*

Herakleides Pontikos.

(Suid. *Ἡρακλείας τῆς ἐν Πόντῳ*).

Unter Herakleides' namen (*ἐκ τῶν Ἡρακλείδου περὶ πο-λιτειῶν*) sind excerpte von jüngerer hand erhalten, welche zum teil aus Aristoteles abgeleitet sind.

Ausg. v. F. W. Schneidewin. Gött. 1847. Müller FHG II 197.

Aristoxenos von Tarent.

Müller FHG II 269.

Suidas: *Ἀριστόξενος, υἱὸς Μνησίου τοῦ καὶ Σπινθάρου, μουσικοῦ, ἀπὸ Τάραντος τῆς Ἰταλίας. — — γέγονε δὲ ἐπὶ τῶν Ἀλεξάνδρου καὶ τῶν μετέπειτα χρόνων· ὡς εἶναι ἀπὸ τῆς ρια' ὀλυμπιάδος, σύγχρονος Δικαιάρχῳ τῷ Μεσσηνίῳ. συνετάξατο δὲ μουσικά τε καὶ φιλόσοφα, καὶ ἱστορίας, καὶ παντὸς εἴδους παιδείας, καὶ ἀριθμοῦνται αὐτοῦ τὰ βιβλία εἰς υνγ'.*

Cic. Tusc. I 18, 41 *Dicaearchum vero cum Aristoxeno aequali et condiscipulo suo, doctos sane homines.*

Aristoxenos verfaszte u. a. *Βίοι ἀνδρῶν*, namentlich *Βίος Πυθαγόρου.*

Hieronym de viris illustrib. II 822 Vallarsi: *hortaris me, Dexter, ut Tranquillum sequens ecclesiasticos scriptores in ordi-nem digeram, et quod ille in enumerandis gentilium litterarum viris fecit illustribus, ego in nostris faciam ... fecerunt quidem hoc idem apud Graecos Hermippus peripateticus, Antigonus Ca-rystius, Satyrus doctus vir, et longe omnium doctissimus Aristo-xenus musicus.*

Plutarch. *ὅτι οὐδὲ ζῆν ἔστιν ἡδέως κατ' Ἐπίκουρον* 10 p. 1093ʰ *ὅταν δὲ μηδὲν ἔχουσα λυπηρὸν ἢ βλαβερὸν ἱστορία καὶ διήγησις ἐπὶ πράξεσι καλαῖς καὶ μεγάλαις προσλάβῃ λό-γον ἔχοντα δύναμιν καὶ χάριν, ὡς τὸν Ἡροδότου τὰ Περ-σικὰ καὶ Ἑλληνικὰ τὸν Ξενοφῶντος· ὅσσα δ' Ὅμηρος ἐθέ-σπισε θέσκελα εἰδώς, ἢ γῆς περιόδοις Εὔδοξος, ἢ κτίσεις καὶ πολιτείας Ἀριστοτέλης, ἢ βίους ἀνδρῶν Ἀριστόξενος ἔγραψεν, οὐ μόνον μέγα καὶ πολὺ τὸ εὐφραῖνον, ἀλλὰ καὶ καθαρὸν καὶ ἀμεταμέλητόν ἐστιν.*

§ 46.   Gell. IV 11, 4 *Aristoxenus musicus, vir litterarum veterum diligentissimus, Aristoteli philosophi auditor, in libro quem de Pythagora reliquit.*

Diog. L. I 118 Ἀριστόξενος δ' ἐν τῷ περὶ Πυθαγόρου καὶ τῶν γνωρίμων αὐτοῦ.

Dikaearchos von Messana.

Müller FHG II 225.

Suidas: Δικαίαρχος Φειδίου Σικελιώτης ἐκ πόλεως Μεσήνης, Ἀριστοτέλους ἀκουστής, φιλόσοφος καὶ ῥήτωρ καὶ γεωμέτρης. καταμετρήσεις τῶν ἐν Πελοποννήσῳ ὀρῶν· Ἑλλάδος βίον ἐν βιβλίοις γ'. οὗτος ἔγραψε τὴν πολιτείαν Σπαρτιατῶν· καὶ νόμος ἐτέθη ἐν Λακεδαίμονι, καθ' ἕκαστον ἔτος ἀναγινώσκεσθαι τὸν λόγον εἰς τὸ τῶν ἐφόρων ἀρχεῖον, τοὺς δὲ τὴν ἡβητικὴν ἔχοντας ἡλικίαν ἀκροᾶσθαι. καὶ τοῦτο ἐκράτησε μέχρι πολλοῦ.

Dikaearch verfaszte u. a. Γῆς περίοδος und Βίος τῆς Ἑλλάδος 3 bb., sein berühmtestes werk.

Cic. ad Att. VI 2, 3 (*Dicaearchus*) *erat* ἱστορικώτατος *et vixerat in Peloponneso.* II 12, 4 *Dicaearchum recte amas. luculentus homo est et civis haud paullo melior quam isti nostri* ἀδικαίαρχοι.

Plin. NH II 162 von der kugelgestalt der erde: *cui sententiae adest Dicaearchus, vir in primis eruditus, regum cura permensus montis, ex quibus altissimum prodidit Pelion ss.*

Strab. II p. 104 Πολύβιος δὲ τὴν Εὐρώπην χωρογραφῶν τοὺς μὲν ἀρχαίους ἐᾶν φησί, τοὺς δ' ἐκείνους ἐλέγχοντας ἐξετάζειν, Δικαίαρχόν τε καὶ Ἐρατοσθένη, τὸν τελευταῖον πραγματευσάμενον περὶ γεωγραφίας.

Porphyr. de abstin. IV 1, 2 (fr. 1) τῶν τοίνυν συντόμως τε ὁμοῦ καὶ ἀκριβῶς τὰ Ἑλληνικὰ συναγαγόντων ἐστὶ καὶ ὁ περιπατητικὸς Δικαίαρχος, ὃς τὸν ἀρχαῖον βίον τῆς Ἑλλάδος ἀφηγούμενος κτέ.

Varro de re rust. I 2 (fr. 5) *et quidem licet adiicias, inquam, pastorum vitam esse incentivam, agricolarum succentivam, auctore doctissimo homine Dicaearcho, qui Graeciae vitam qualis fuerit ab initio nobis ita ostendit, ut superioribus temporibus fuisse doceat, cum homines pastoriciam vitam viverent, neque scirent etiam arare terram aut serere arbores aut putare; ab his inferiore gradu aetatis susceptam agriculturam.*

Athen. XIII p. 557ᵇ (fr. 18) *Φίλιππος δὲ ὁ Μακεδὼν* § 46.
οὐ περιήγετο μὲν εἰς τοὺς πολέμους γυναῖκας, ὥσπερ Δα-
ρεῖος ὁ ὑπ᾽ Ἀλεξάνδρου καταλυθείς, ὃς περὶ τῶν ὅλων πο-
λεμῶν τριακοσίας ἑξήκοντα περιήγετο παλλακάς, ὡς ἱστορεῖ
Δικαίαρχος ἐν τρίτῳ περὶ τοῦ τῆς Ἑλλάδος βίου.
Irtümlich sind Dikaearch beigelegt fragmente aus einer nach 164
v. Ch. verfaszten schrift *περὶ τῶν ἐν Ἑλλάδι πόλεων* s. Müller FHG II
229. 254. geogr. gr. min. I LI. 97. C. Wachsmuth Gerhards denkmäler
1860. nr. 141 s. 110.

Phanias von Eresos.

Müller FHG II 293. Böckh CIG II 304.

Suidas: *Φανίας (ἢ Φαινίας) Ἐρέσιος, φιλόσοφος περιπα-*
τητικός, Ἀριστοτέλους μαθητής. ἦν δὲ ἐπὶ τῆς ρια´ ὀλυμ-
πιάδος καὶ μετέπειτα, ἐπὶ Ἀλεξάνδρου τοῦ Μακεδόνος.
Strab. XIII p. 618 *ἐξ Ἐρέσου δ᾽ ἦσαν Θεόφραστός τε*
καὶ Φανίας οἱ ἐκ τῶν περιπάτων φιλόσοφοι, Ἀριστοτέλους
γνώριμοι.
Plut. Them. 13 *ἀνὴρ φιλόσοφος καὶ γραμμάτων οὐκ*
ἄπειρος ἱστορικῶν Φανίας ὁ Λέσβιος.
Phanias' historische schriften (u. a. *περὶ πρυτάνεων Ἐρε-*
σίων, περὶ τῶν ἐν Σικελίᾳ τυράννων, τυράννων ἀναίρεσις
ἐκ τιμωρίας) waren die hauptquelle für den verfasser der
parischen marmorchronik: s. Böckh a. a. O.
Die parische marmorchronik gab zuerst heraus
Io. Selden, Marmora Arundelliana. Lond. 1628. 4; neuer-
dings Böckh CIG II nr. 2374 p. 293—343. Müller FHG I
533—590. sie ist ol. 129, 1. 264 v. Ch. verfaszt und rech-
net von diesem zeitpuncte die jahre rückwärts.
Z. 1—3 . . . . . ου . . . . [*ἐξ ἀναγραφῶ*]*ν παν*[*τοί*]*ων*
[*περὶ τῶν προγεγενημέ*]*νων ἀνέγραψα τοὺς ἄν*[*ωθεν χρό* ‖ -
νους] *ἀρξάμ*[*εν*]*ος ἀπὸ Κέκροπος τοῦ πρώτου βασιλεύσαντος*
Ἀθηνῶν εἵως ἄρχοντος ἐμ Πάρῳ [*μὲν*] ‖ . . . *νάνακτος, Ἀθή-*
νησν δὲ Διογνήτου.

Klearchos von Soloi.

Müller FHG II 302.

Ioseph. w. Apion I 22 p. 200 (fr. 69) *Κλέαρχος γὰρ ὁ*
Ἀριστοτέλους ὢν μαθητὴς καὶ τῶν ἐκ τοῦ περιπάτου φιλο-
σόφων οὐδενὸς δεύτερος, ἐν τῷ πρώτῳ περὶ ὕπνου βιβλίῳ

§ 46. φησὶν Ἀριστοτέλην τὸν διδάσκαλον αὐτοῦ περί τινος ἀνδρὸς Ἰουδαίου ταῦτα ἱστορεῖν, αὐτῷ τε τὸν λόγον Ἀριστοτέλει ἀνατίθησιν κτέ.
Athen. II 57ᶜ (fr. 41) „ἐκάλουν δὲ καὶ τὰ νῦν τῶν οἰκιῶν παρ' ἡμῖν καλούμενα ὑπερῷα ᾠά" φησὶ Κλέαρχος ἐν Ἐρωτικοῖς, τὴν Ἑλένην φάσκων ἐν τοιούτοις οἰκήμασι τρεφομένην δόξαν ἀπενέγκασθαι παρὰ πολλοῖς ὡς ἐξ ᾠοῦ εἴη γεγεννημένη.

Demetrios von Phaleron.

Müller FHG II 362. Chr. Ostermann de Demetrii Ph. vita, rebus gestis et scriptorum reliquiis I. II. Hersf. 1847. Fuld. 1857. 4.

Demetrios, schüler von Theophrast, betrat die politische laufbahn 324, ward von Kasandros an die spitze von Athen gestellt 317 — 307, und lebte nach Kasandros' tode († 296) in Aegypten, wo er nach 283 starb.

Diog. L. V 75 Δημήτριος Φανοστράτου Φαληρεύς. οὗτος ἤκουσε μὲν Θεοφράστου, δημηγορῶν δὲ παρὰ Ἀθηναίοις τῆς πόλεως ἐξηγήσατο ἔτη δέκα καὶ εἰκόνων ἠξιώθη κτέ. § 80. πλήθει δὲ βιβλίων καὶ ἀριθμῷ στίχων σχεδὸν ἅπαντας παρελήλακε τοὺς κατ' αὐτὸν περιπατητικούς, εὐπαίδευτος ὢν καὶ πολύπειρος παρ' ὁντινοῦν. ὧν ἐστι τὰ μὲν ἱστορικά, τὰ δὲ πολιτικά, τὰ δὲ περὶ ποιητῶν, τὰ δὲ ῥητορικά, δημηγοριῶν τε καὶ πρεσβειῶν, ἀλλὰ μὴν καὶ λόγων Αἰσωπείων συναγωγαί, καὶ ἄλλα πλείω. ἔστι δὲ τὰ περὶ τῆς Ἀθήνησι νομοθεσίας α' β' γ' δ' ε'. περὶ τῶν Ἀθήνησι πολιτῶν (πολιτευσαμένων oder ἀρχόντων? Diog. L. 1 22. II 7 Δημήτρως ὁ Φαληρεὺς ἐν τῇ τῶν ἀρχόντων ἀναγραφῇ. Marcell. l. d. Thuk. α' 32 Δημήτριος ἐν τοῖς ἄρχουσιν) α' β'. περὶ δημαγωγίας α' β'. περὶ πολιτικῆς α' β'. περὶ νόμων α'. — — — περὶ τῆς δεκαετείας α'.

Duris von Samos § 42.

§ 47. Euhemeros von Messene.

K. Hoeck Kreta III 326. Leop. Krahner grundlinien zur geschichte des verfalls der römischen staatsreligion. Halle 1837. 4. s. 22—41.

Euseb. praep. ev. II 2, 52 ss. (Diod. VI 2) ὁ Διόδωρος καὶ ἐν τῇ ἕκτῃ ἀπὸ τῆς Εὐημέρου τοῦ Μεσσηνίου γραφῆς ἐπικυροῖ τὴν αὐτὴν θεολογίαν, ὧδε κατὰ λέξιν φάσκων · . . . . περὶ δὲ τῶν ἐπιγείων θεῶν πολλοὶ καὶ ποικίλοι

παραδέδονται λόγοι παρὰ τοῖς ἱστορικοῖς τε καὶ μυθογρά §47
φοις· καὶ τῶν μὲν ἱστορικῶν Εὐήμερος ὁ τὴν ἱερὰν ἀνα-
γραφὴν ποιησάμενος ἰδίως ἀναγέγραφεν ..... Εὐήμερος
μὲν οὖν, φίλος γεγονὼς Κασάνδρου τοῦ βασιλέως καὶ διὰ τοῦ-
τον ἠναγκασμένος τελεῖν βασιλικάς τινας χρείας καὶ μεγάλας
ἀποδημίας, φησὶν ἐκτοπισθῆναι κατὰ τὴν μεσημβρίαν εἰς
τὸν ὠκεανόν, ἐκπλεύσαντα δὲ αὐτὸν ἐκ τῆς εὐδαίμονος Ἀρα-
βίας ποιήσασθαι τὸν πλοῦν δι᾽ ὠκεανοῦ πλείους ἡμέρας καὶ
προσενεχθῆναι νήσοις πελαγίαις· ὧν μίαν ὑπάρχειν τὴν
ὀνομαζομένην Πάγχαιαν, ἐν ᾗ τεθεᾶσθαι τοὺς ἐνοικοῦντας
Παγχαίους εὐσεβείᾳ διαφέροντας καὶ τοὺς θεοὺς τιμῶντας
μεγαλοπρεπεστάταις θυσίαις καὶ ἀναθήμασιν ἀξιολόγοις ἀρ-
γυροῖς τε καὶ χρυσοῖς. εἶναι δὲ καὶ τὴν νῆσον ἱερὰν θεῶν,
καὶ ἕτερα πλείω θαυμαζόμενα κατά τε τὴν ἀρχαιότητα καὶ
τὴν τῆς κατασκευῆς πολυτεχνίαν, περὶ ὧν τὰ κατὰ μέρος
ἐν ταῖς πρὸ ταύτης βίβλοις ἀναγεγράφαμεν (V 41—46).
εἶναι·δ᾽ ἐν αὐτῇ κατά τινα λόφον ὑψηλὸν καθ᾽ ὑπερβολὴν
ἱερὸν Διὸς Τριφυλίου, καθιδρυμένον ὑπ᾽ αὐτοῦ καθ᾽ ὃν
καιρὸν ἐβασίλευσε τῆς οἰκουμένης ἁπάσης ἔτι κατ᾽ ἀνθρώ-
πους ὤν. ἐν τούτῳ τῷ ἱερῷ στήλην εἶναι χρυσῆν, ἐν ᾗ τοῖς
Παγχαίοις γράμμασιν ὑπάρχειν γεγραμμένας τάς τε Οὐρα-
νοῦ καὶ Κρόνου καὶ Διὸς πράξεις κεφαλαιωδῶς. μετὰ ταῦτά
φησι πρῶτον Οὐρανὸν βασιλέα γεγονέναι, ἐπιεικῆ τινὰ ἄν-
δρα καὶ εὐεργετικὸν καὶ τῆς τῶν ἄστρων κινήσεως ἐπιστή-
μονα, ὃν καὶ πρῶτον θυσίαις τιμῆσαι τοὺς οὐρανίους θεούς·
διὸ καὶ Οὐρανὸν προσαγορευθῆναι κτέ.
Diod. V 46 .. στήλη χρυσῇ μεγάλη, γράμματα ἔχουσα
τὰ παρ᾽ Αἰγυπτίοις ἱερὰ καλούμενα, δι᾽ ὧν ἦσαν αἱ πράξεις
Οὐρανοῦ τε καὶ Διὸς ἀναγεγραμμέναι, καὶ μετὰ ταύτας αἱ
Ἀρτέμιδος καὶ Ἀπόλλωνος ὑφ᾽ Ἑρμοῦ προσαναγεγραμμέναι.
Athen. XIV p. 658ᵉ Εὐήμερος — ὁ Κῷος ἐν τῷ γ᾽ τῆς
ἱερᾶς ἀναγραφῆς τοῦθ᾽ ἱστορεῖ, ὡς Σιδωνίων λεγόντων τοῦτο,
ὅτι Κάδμος μάγειρος ὢν τοῦ βασιλέως καὶ παραλαβὼν τὴν
Ἁρμονίαν αὐλητρίδα καὶ αὐτὴν οὖσαν τοῦ βασιλέως ἔφυγε
σὺν αὐτῇ.
Cic. de nat. deor. I 42, 119 quid? qui aut fortes aut
claros aut potentes viros tradunt post mortem ad deos perre-
nisse eosque esse ipsos quos nos colere precari venerarique so-
leamus, nonne expertes sunt religionum omnium? quae ratio ma-
xime tractata ab Euhemero est, quem noster et interpretatus et

§ 47 *secutus est praeter ceteros Ennius. ab Euhemero autem et mortes et sepulturae demonstrantur deorum.* Die fragmente von Ennius' *Euhemerus s. sacra historia* s. *Ennianae poesis reliquiae* rec. I. Vahlen. Lips. 1854 p. XCIII. 169.

§ 48. Idomeneus von Lampsakos.

Müller FHG II 489.

Suidas: Ἰδομενεύς, ἱστορικός. ἔγραψεν ἱστορίαν τῶν κατὰ Σαμοθρᾴκην (Σωκράτην Fr. Nietzsche Rh. mus. XXV 229).

Idomeneus war schüler und freund von Epikur († 270) und schrieb περὶ τῶν Σωκρατικῶν. περὶ δημαγωγῶν. Strab. XIII p. 589 καὶ αὐτὸς δ' Ἐπίκουρος τρόπον τινὰ Λαμψακηνὸς ὑπῆρξε, διατρίψας ἐν Λαμψάκῳ καὶ φίλοις χρησάμενος τοῖς ἀρίστοις τῶν ἐν τῇ πόλει ταύτῃ, τοῖς περὶ Ἰδομενέα καὶ Λεοντέα.

Plut. Perikl. 10 πῶς ἂν οὖν τις Ἰδομενεῖ πιστεύσειε κατηγοροῦντι τοῦ Περικλέους, ὡς τὸν δημαγωγὸν Ἐφιάλτην φίλον γενόμενον καὶ κοινωνὸν ὄντα τῆς ἐν τῇ πολιτείᾳ προαιρέσεως δολοφονήσαντος διὰ ζηλοτυπίαν καὶ φθόνον τῆς δόξης; ταῦτα γὰρ οὐκ οἶδ' ὅθεν συναγαγὼν ὥσπερ χολὴν τἀνδρὶ προσβέβληκεν.

Plut. Dem. 23 nach der eroberung von Theben: εὐθὺς δ' ὁ Ἀλέξανδρος ἐξῄτει πέμπων τῶν δημαγωγῶν δέκα μέν, ὡς Ἰδομενεὺς καὶ Δοῦρις εἰρήκασιν, ὀκτὼ δ', ὡς οἱ πλεῖστοι καὶ δοκιμώτατοι τῶν συγγραφέων.

IV. Die letzten zeiten des griechischen staatswesens. Alexandrinische gelehrsamkeit.

§ 49. Aratos von Sikyon († 213).

Müller FHG III 21. Ernst Küpke de hypomnematis Graecis II. Brandenb. 1863, p. 9.

Βιογρ. ed. Westermann p. 55 . . καὶ ἄλλοι δὲ πολλοὶ γεγόνασιν Ἄρατοι ἄνδρες ἐλλόγιμοι, ἱστοριογράφοι, ὥσπερ ὁ Κνίδιος, οὗ φέρονται Αἰγυπτιακὰ ἱστορικὰ συγγράμματα,

καὶ τρίτος ἐπισημότατος Σικυώνιος, οὗ ἐστὶν ἡ πολύβιβλος § 49.
ἱστορία ὑπὲρ τὰ λ' βιβλία ἔχουσα.
Plut. Arat. 3 γεγονέναι κομψότερον εἰπεῖν ("Ἄρατον, ἢ
δοκεῖ τισὶν ἐκ τῶν ὑπομνημάτων κρίνουσιν, ἃ παρέργως
καὶ ὑπὸ χεῖρα διὰ τῶν ἐπιτυχόντων ὀνομάτων ἁμιλλησάμενος
κατέλιπεν.
Polyb. II 40 τῶν μέντοι γε Ἀράτῳ διῳκημένων καὶ νῦν
καὶ μετὰ ταῦτα πάλιν ἐπικεφαλαιούμενοι μνησθησόμεθα διὰ
τὸ καὶ λίαν ἀληθινοὺς καὶ σαφεῖς ἐκεῖνον περὶ τῶν ἰδίων
συντεταχέναι πράξεων ὑπομνηματισμούς. vgl. c. 56.
Eb. 47 Aratos in dem Kleomenischen kriege πολλὰ
παρὰ τὴν ἑαυτοῦ γνώμην ἠναγκάζετο καὶ λέγειν καὶ ποιεῖν
πρὸς τοὺς ἐκτός, δι' ὧν ἔμελλε τὴν ἐναντίαν ἔμφασιν ὑπο-
δεικνύων ταύτην ἐπικρύψεσθαι τὴν οἰκονομίαν· ὧν χάριν
ἔνια τούτων οὐδ' ἐν τοῖς ὑπομνήμασι κατέταξεν.
Polyb. I 3 ἄρξει δὲ τῆς πραγματείας ἡμῖν τῶν μὲν
χρόνων ὀλυμπιὰς ρ' καὶ μ' (220), τῶν δὲ πράξεων παρὰ μὲν
τοῖς Ἕλλησιν ὁ προσαγορευθεὶς συμμαχικὸς πόλεμος — —·
ταῦτα δ' ἐστὶ συνεχῆ τοῖς τελευταίοις τῆς Ἀράτου τοῦ Σι-
κυωνίου συντάξεως. IV 2 καλλίστην ὑπόστασιν ὑπολαμβά-
νοντες εἶναι ταύτην διὰ τὸ πρῶτον μὲν τὴν Ἀράτου σύνταξιν
ἐπὶ τούτους καταστρέφειν τοὺς καιρούς. . .

§ 50. Phylarchos.

Müller FHG I Lxxvii. 334. fr. coll. I. F. Lucht. Lips. 1836. I. A.
Brückner. Vratisl. 1839. vgl. Plutarchi Agis et Cleomenes rec. Schö-
mann. Gryph. 1839. p. XXI. Paul Foucart, mémoire sur un décret
inédit de la ligue Arcadienne en l'honneur de l'Athénien Phylarchos.
Paris 1870.

Suidas: Φύλαρχος Ἀθηναῖος ἢ Ναυκρατίτης (οἱ δὲ Σι-
κυώνιον, ἄλλοι Αἰγύπτιον ἔγραψαν), ἱστορικός. τὴν ἐπὶ
Πελοπόννησον Πύρρου τοῦ Ἠπειρώτου στρατείαν ἐν βιβλίοις
κη'· κατάγει δὲ καὶ μέχρι Πτολεμαίου τοῦ Εὐεργέτου κλη-
θέντος καὶ τῆς Βερενίκης τελευτῆς, καὶ ἕως τοῦ θανάτου
Κλεομένους τοῦ Λακεδαιμονίου. ἐπιστρατεύσαντος αὐτῷ Ἀν-
τιγόνου. τὰ κατὰ Ἀντίοχον καὶ τὸν Περγαμηνὸν Εὐμένη.
ἐπιτομὴν μυθικήν. περὶ τῆς τοῦ Διὸς ἐπιφανείας. περὶ
εὑρημάτων. παρεμβάσεων βιβλία θ'.
Athen. II p. 58ᵉ Φύλαρχος ὁ Ἀθηναῖος ἢ Ναυκρατίτης.
Ἱστορίαι 28 bb., von 272—220 v. Ch.

SCHAEFER, Quellenkunde. 2. Aufl. 7

§ 50.   Polyb. II 56 ἐπεὶ δὲ τῶν [κατὰ] τοὺς αὐτοὺς καιροὺς
Ἀράτῳ γεγραφότων παρ᾽ ἐνίοις ἀποδοχῆς ἀξιοῦται Φύλαρχος,
ἐν πολλοῖς ἀντιδοξῶν καὶ τἀναντία γράφων αὐτῷ, χρήσιμον
ἂν εἴη, μᾶλλον δ᾽ ἀναγκαῖον ἡμῖν, Ἀράτῳ προῃρημένοις
κατακολουθεῖν περὶ τῶν Κλεομενικῶν, μὴ παραλιπεῖν ἄσκε-
πτον τοῦτο τὸ μέρος, ἵνα μὴ τὸ ψεῦδος ἐν τοῖς γράμμασιν
ἰσοδυναμοῦν ἀπολίπωμεν πρὸς τὴν ἀλήθειαν. καθόλου μὲν
οὖν ὁ συγγραφεὺς οὗτος πολλὰ παρ᾽ ὅλην τὴν πραγματείαν
εἰκῇ καὶ ὡς ἔτυχεν εἴρηκε. πλὴν περὶ μὲν τῶν ἄλλων ἴσως
οὐκ ἀναγκαῖον ἐπιτιμᾶν κατὰ τὸ παρὸν οὐδ᾽ ἐξακριβοῦν·
ὅσα δὲ συνεπιβάλλει τοῖς ὑφ᾽ ἡμῶν γραφομένοις καιροῖς,
ταῦτα δ᾽ ἐστὶ τὰ περὶ τὸν Κλεομενικὸν πόλεμον, ὑπὲρ τού-
των ἀναγκαῖόν ἐστιν ἡμῖν διευκρινεῖν. ἔσται δὲ πάντως
ἀρκοῦντα ταῦτα πρὸς τὸ καὶ τὴν ὅλην αὐτοῦ προαίρεσιν καὶ
δύναμιν ἐν τῇ πραγματείᾳ καταμαθεῖν ss. bis cap. 63.

Plut. Arat. 38 ὁμοίως δὲ καὶ Φύλαρχος ἱστόρηκε περὶ
τούτων, ᾧ μὴ τοῦ Πολυβίου μαρτυροῦντος οὐ πάνυ τι
πιστεύειν ἄξιον ἦν. ἐνθουσιᾷ γὰρ ὅταν ἅψηται τοῦ Κλε-
ομένους ὑπ᾽ εὐνοίας, καὶ καθάπερ ἐν δίκῃ [τῇ ἱστορίᾳ] τῷ
μὲν (τῷ Ἀράτῳ) ἀντιδικῶν διατελεῖ τῷ δὲ συναγορεύων.

Dionysios (de comp. verb. 4 p. 30) zählt Phylarchos den
unlesbaren historikern bei.

Phylarchos᾽ geschichte benutzten Trogus Pompejus und
Plutarch (leben des Pyrrhos Agis Kleomenes Aratos).

Menodotos von Perinthos

begann ungefähr wo Phylarchos aufhörte.

Diod. XXVI 4 p. 513 (ol. 140, 4. 217) Μηνόδοτος δὲ ὁ
Περίνθιος τὰς Ἑλληνικὰς πραγματείας ἔγραψεν ἐν βιβλίοις
πεντεκαίδεκα. vgl. § 40.

§ 51. Specialgeschichten.

Demetrios von Byzantion.

Müller FHG II 624. vgl. W. Ad. Schmidt de fontibus veterum aucto-
rum in enarrandis expeditionibus a Gallis in Macedoniam atque
Graeciam susceptis. Berol. 1834.

Diog. L. V 83 γεγόνασι δὲ Δημήτριοι ἀξιόλογοι εἴκοσι ...
τρίτος Βυζάντιος περιπατητικός .... ἕβδομος Βυζάντιος, ἐν
τρισκαίδεκα βιβλίοις γεγραφὼς τὴν Γαλατῶν διάβασιν ἐξ
Εὐρώπης εἰς Ἀσίαν, καὶ ἐν ἄλλοις ὀκτὼ τὰ περὶ Ἀντίοχον
καὶ Πτολεμαῖον καὶ τὴν Λιβύης ὑπ᾽ αὐτῶν διοίκησιν.

§ 51.

Nymphis von Herakleia.

Müller FHG III 12.

Suidas: Νύμφις Ξεναγόρου Ἡρακλεώτης ἐκ Πόντου, ἱστορικός. περὶ Ἀλεξάνδρου καὶ τῶν διαδόχων καὶ ἐπιγόνων βιβλία κδ΄, περὶ Ἡρακλείας βιβλία ιγ΄. ἔχει δὲ μέχρι τῆς καθαιρέσεως τῶν τυράννων τὰ κατὰ τοὺς ἐπιγόνους καὶ μέχρι τοῦ τρίτου Πτολεμαίου (246). Memnon c. 11 (Phot. bibl. cod. 224 p. 226ᵃ 25 Bk.

Müller FHG III 533) οἱ δὲ περιλειπόμενοι τῶν ἀπὸ Ἡρακλείας φυγάδων, Νύμφιδος, καὶ αὐτοῦ ἑνὸς ὑπάρχοντος τούτων, κάθοδον βουλεύσαντος αὐτοῖς καὶ ῥᾳδίαν εἶναι ταύτην ἐπιδεικνύντος, εἰ μηδὲν ὧν οἱ πρόγονοι ἀπεστέρηντο αὐτοὶ φανεῖεν διοχλοῦντες ἀναλήψεσθαι, ἔπεισέ τε σὺν τῷ ῥάστῳ, καὶ τῆς καθόδου ὃν ἐβούλευσε τρόπον γεγενημένης οἵ τε καταχθέντες καὶ ἡ δεξαμένη πόλις ἐν ὁμοίαις ἡδοναῖς καὶ εὐφροσύναις ἀνεστρέφοντο, φιλοφρόνως τῶν τε ἐν τῇ πόλει τούτους δεξιωσαμένων καὶ μηδὲν τῶν εἰς αὐτάρκειαν αὐτοῖς συντελούντων παραλελοιπότων. καὶ οἱ Ἡρακλεῶται τὸν εἰρημένον τρόπον τῆς παλαιᾶς εὐγενείας καὶ πολιτείας ἐπελαμβάνοντο (281).

Eb. c. 24 (p. ⁴228ᵇ Bk. p. 538 M.) διὰ ταῦτα πάλιν οἱ Γαλάται εἰς τὴν Ἡρακλεῶτιν ἔπεμψαν στράτευμα καὶ ταύτην κατέτρεχον, μέχρις ἂν οἱ Ἡρακλεῶται διεπρεσβεύσαντο πρὸς αὐτούς. Νύμφις δὲ ἦν ὁ ἱστορικὸς ὁ κορυφαῖος τῶν πρέσβεων· ὃς τὸν μὲν στρατὸν ἐν τῷ κοινῷ χρυσοῖς πεντακισχιλίοις, τοὺς δὲ ἡγεμόνας ἰδίᾳ διακοσίοις ὑποθεραπεύσας τῆς χώρας ἀπαναστῆναι παρεσκεύασεν (cᵃ 240).

Nymphis war für die früheren abschnitte Memnons quelle.

Neanthes von Kyzikos.

Müller FHG III 2.

Suidas: Νεάνθης Κυζικηνός, ῥήτωρ, μαθητὴς Φιλίσκου τοῦ Μιλησίου. ἔγραψε περὶ κακοζηλίας ῥητορικῆς καὶ λόγους πολλοὺς πανηγυρικούς.

N. schrieb u. a. Ἑλληνικά. ὧροι (Κυζικηνῶν. τὰ κατὰ πόλιν μυθικά. περὶ ἐνδόξων ἀνδρῶν. αἱ περὶ Ἄτταλον ἱστορίαι. Attalos I regierte 241—197.

Ἐν τῇ γ΄ καὶ δ΄ τῶν Ἑλληνικῶν ἱστοριῶν handelte Neanthes von Themistokles (fr. 2. 3).

7

§ 51. Fr. 32 b. Plut. Symp. I 10, 2 p. 628ʰ Νεάνθη τὸν Κυ-
ζυκηνὸν ἔφη λέγειν ἐν τοῖς κατὰ πόλιν μυθικοῖς. ὅτι τῇ
Αἰαντίδι φυλῇ γέρας ὑπῆρχε τὸ μὴ κρίνεσθαι τὸν [αὐτῆς]
χορὸν ἔσχατον † .... μηδὲ ἡμεῖς τὴν Νεάνθους ἐν ἐνίοις
εὐχέρειαν ἀποδράσεως ποιησόμεθα πρόφασιν.

Zenon von Rhodos.

Müller FHG III 174.

Diog. L. VII 35 γεγόνασι δὲ Ζήνωνες ὀκτώ ......
τρίτος Ῥόδιος, (ὁ) τὴν ἐντόπιον γεγραφὼς ἱστορίαν ἐνιαίαν
(ἐνιαυσιαίαν Müller).

Polyb. XVI 14 (201 v. Ch.) ἐπεὶ δέ τινες τῶν τὰς κατὰ
μέρος γραφόντων πράξεις γεγράφασι καὶ περὶ τούτων τῶν
καιρῶν —, βούλομαι βραχέα περὶ αὐτῶν διαλεχθῆναι. ποιή-
σομαι δὲ † οὐ πρὸς ἅπαντας, ἀλλ᾽ ὅσους ὑπολαμβάνω μνήμης
ἀξίους εἶναι καὶ διαστολῆς· εἰσὶ δ᾽ οὗτοι Ζήνων καὶ Ἀντι-
σθένης οἱ Ῥόδιοι. τούτους δὲ ἀξίους εἶναι κρίνω διὰ πλείους
αἰτίας. καὶ γὰρ κατὰ τοὺς καιροὺς γεγόνασι καὶ περὶ † περὶ
πεπολίτευνται, καὶ καθόλου πεποίηνται τὴν πραγματείαν οὐκ
ὠφελείας χάριν ἀλλὰ δόξης καὶ τοῦ καθήκοντος ἀνδράσι πο-
λιτικοῖς ss. bis c. 20.

Diod. V 56 περὶ μὲν οὖν τῶν ἀρχαιολογουμένων παρὰ
Ῥοδίοις οὕτω τινὲς μυθολογοῦσιν· ἐν οἷς ἐστὶ καὶ Ζήνων ὁ
τὰ περὶ ταύτης συνταξάμενος.

§ 52. Geschichtschreiber der römisch-punischen kriege.

Philinos von Akragas.

Müller FHG III 17.

Polyb. I 14 vom ersten punischen kriege: οὐχ ἧττον δὲ
τῶν προειρημένων παρωξύνθην ἐπιστῆσαι τούτῳ τῷ πολέμῳ
καὶ διὰ τὸ τοὺς ἐμπειρότατα δοκοῦντας γράφειν ὑπὲρ αὐτοῦ,
Φιλῖνον καὶ Φάβιον, μὴ δεόντως ἡμῖν ἀπηγγελκέναι τὴν
ἀλήθειαν. ἑκόντας μὲν οὖν ἐψεῦσθαι τοὺς ἄνδρας οὐχ ὑπο-
λαμβάνω, στοχαζόμενος ἐκ τοῦ βίου καὶ τῆς αἱρέσεως αὐτῶν·
δοκοῦσι δέ μοι πεπονθέναι τι παραπλήσιον τοῖς ἐρῶσι. διὰ
γὰρ τὴν αἵρεσιν καὶ τὴν ὅλην εὔνοιαν Φιλίνῳ μὲν πάντα δο-
κοῦσιν οἱ Καρχηδόνιοι πεπρᾶχθαι φρονίμως, καλῶς, ἀνδρω-
δῶς, οἱ δὲ Ῥωμαῖοι τἀναντία, Φαβίῳ δὲ τοὔμπαλιν τούτων
ss. bis c. 15 § 12.

III 26 nach mitteilung der älteren römisch karthagi- § 52.
schen verträge: τίς οὐκ ἂν εἰκότως θαυμάσειε Φιλίνου τοῦ
συγγραφέως, οὐ διότι ταῦτ᾽ ἠγνόει (τοῦτο μὲν γὰρ οὐ θαυ-
μαστόν, ἐπεὶ καθ᾽ ἡμᾶς ἔτι καὶ Ῥωμαίων καὶ Καρχηδονίων
οἱ πρεσβύτατοι καὶ μάλιστα δοκοῦντες περὶ τὰ κοινὰ σπού-
δάζειν ἠγνόουν)· ἀλλὰ πόθεν ἢ πῶς ἐθάρρησε γράψαι τἀ-
ναντία τούτοις, διότι Ῥωμαίοις καὶ Καρχηδονίοις ὑπάρχοιεν
συνθῆκαι, καθ᾽ ἃς ἔδει Ῥωμαίους μὲν ἀπέχεσθαι Σικελίας
ἁπάσης, Καρχηδονίους δ᾽ Ἰταλίας, καὶ διότι ὑπερέβαινον
Ῥωμαῖοι τὰς συνθήκας καὶ τοὺς ὅρκους, ἐπεὶ ἐποιήσαντο τὴν
πρώτην εἰς Σικελίαν διάβασιν, μήτε γεγονότος μήθ᾽ ὑπάρ-
χοντος τὸ παράπαν ἐγγράφου τοιούτου μηδενός. ταῦτα γὰρ
ἐν τῇ δευτέρᾳ λέγει βίβλῳ διαρρήδην. περὶ ὧν ἡμεῖς ἐν
τῇ παρασκευῇ τῆς ἰδίας πραγματείας μνησθέντες, εἰς τοῦ-
τον ὑπερεθέμεθα τὸν καιρὸν κατὰ μέρος περὶ αὐτῶν ἐξερ-
γάσασθαι διὰ τὸ καὶ πλείους διεψεῦσθαι τῆς ἀληθείας ἐν
τούτοις, πιστεύσαντας τῇ Φιλίνου γραφῇ.
Philinos wird citiert Diod. XXIII 8 p. 502 (ὅτι . . .
Φιλῖνος ὁ Ἀκραγαντῖνος ἱστορικὸς ἀνεγράψατο). XXIV 11, 1
p. 509 (XXIII 17 p. 505 Φίλιστος δὲ ἱστορικὸς ἦν?).

[Hannibalischer krieg:

Silenos von Kalakte.

Müller FHG III 100.

Corn. Nep. Hann. 13 *huius belli gesta multi memoriae pro-*
diderunt, sed ex his duo qui cum eo (Hannibale) in castris fue-
runt simulque vixerunt, quamdiu fortuna passa est, Silenus et
Sosilus Lacedaemonius. atque hoc Sosilo Hannibal litterarum
Graecarum usus est doctore.

Silenos' geschichte des Hannibalischen krieges wurde
ausgeschrieben von L. Coelius Antipater und daher von
Cicero und Livius angeführt. vgl. Carl Böttcher unter-
suchungen üb. d. qu. des Livius im XXI und XXII buch
(jhb. suppl. V). Leipz. 1869.

Liv. XXVI 49 bei der einnahme von Neukarthago: *si*
auctorem Graecum sequar Silenum.

Cic. de divin. I 24 *Hannibalem Coelius scribit — —. hoc*
item in Sileni, quem Coelius sequitur, Graeca historia est: is
autem diligentissime res Hannibalis persecutus est: Hannibalem

§ 52. *cum cepisset Saguntum visum esse in somnis a Iove in deorum concilium vocari ss.*

Silenos schrieb auch Σικελικά.   Athen. XII p. 542ª

Σειληνὸς δ᾽ ὁ Καλακτῖνος ἐν τρίτῳ Σικελικῶν.

Sosilos.

Müller FHG III 99.

Diod. XXVI 4 p. 513 *Μηνόδοτος δὲ ὁ Περίνθιος τὰς Ἑλληνικὰς πραγματείας ἔγραψεν ἐν βιβλίοις ιε´* (o. s. 98), *Σώσιλος δὲ ὁ Ἴλιος τὰ περὶ Ἀννίβαν ἔγραψεν ἐν βιβλίοις ζ´.*

Polyb. III 20 *οἱ δὲ Ῥωμαῖοι, προσπεπτωκυίας αὐτοῖς ἤδη τῆς Ζακανθαίων ἁλώσεως, οὐ μὰ Δία περὶ τοῦ πολέμου τότε διαβούλιον ἦγον, καθάπερ ἔνιοι τῶν συγγραφέων φασί, προσκατατάττοντες ἔτι καὶ τοὺς εἰς ἑκάτερα ῥηθέντας λόγους, πάντων ἀτοπώτατον πρᾶγμα ποιοῦντες . . . . . πρὸς μὲν οὖν τὰ τοιαῦτα τῶν συγγραμμάτων, οἷα γράφει Χαιρέας καὶ Σώσιλος, οὐδὲν ἄν δέοι πλέον λέγειν· οὐ γὰρ ἱστορίας, ἀλλὰ κουρεακῆς καὶ πανδήμου λαλιᾶς ἔμοιγε δοκοῦσι τάξιν ἔχειν καὶ δύναμιν.*   vgl. s. 88.

Diokles von Peparethos

(Müller FHG III 74. vgl. Schwegler RG I 411—415)

verfaszte etwa um den anfang des Hannibalischen kriegs eine κτίσις Ῥώμης, welche Q. Fabius Pictor ausgeschrieben haben soll.

Plut. Romul. 3 *τοῦ δὲ πίστιν ἔχοντος λόγου μάλιστα καὶ πλείστους μάρτυρας τὰ μὲν κυριώτατα πρῶτος εἰς τοὺς Ἕλληνας ἐξέδωκε Διοκλῆς Πεπαρήθιος, ᾧ καὶ Φάβιος Πίκτωρ ἐν τοῖς πλείστοις ἐπηκολούθηκεν.*

Eb. 8 *ὧν τὰ πλεῖστα καὶ τοῦ Φαβίου λέγοντος καὶ τοῦ Πεπαρηθίου Διοκλέους, ὃς δοκεῖ πρῶτος ἐκδοῦναι Ῥώμης κτίσιν, ὕποπτον μὲν ἐνίοις ἐστὶ τὸ δραματικὸν καὶ πλασματῶδες κτέ.*

§ 53. Alexandrinische und Pergamenische gelehrsamkeit.   § 53.

G. Parthey das alexandrinische museum. Berl. 1838 F. Ritschl die alex.
bibliotheken. Berl. 1838 (opusc. ph. I 1).
Ptolemaeos Lagi reg. 323—285 † 283.   Ptol. IV Philopator 221—204.
Ptol. II Philadelphos 285—246.   Ptol. V Epiphanes 204—181.
Ptol. III Euergetes 246—221.   Ptol. VI Philometor 181—146.

Ptolemaeos II Philadelphos stiftete im anfange seiner
regierung die bibliothek des museums und ernannte Zeno-
dotos zum bibliothekar. Die folgenden bibliothekare waren
Kallimachos, Eratosthenes, Apollonios, Aristophanes, Ari-
starchos.

Sosibios von Lakedaemon.

Müller FHG II 625. fragm. chronogr. p. 133. Io. Brandis, de temp. gr.
antiqu. rationib. p. 27.

Suidas: Σωσίβιος Λάκων, γραμματικὸς τῶν ἐπιλυτι-
κῶν καλουμένων. * * ἐν τούτοις δὲ ἱστορεῖ καὶ τοῦτο, ὅτι
εἶδός τι κωμῳδίας ἐστὶ καλούμενον δικηλιστῶν καὶ μιμηλῶν.
περὶ τῶν [μιμηλῶν] ἐν Λακωνικῇ ἱστορουμένων παλαιῶν,
καὶ ἄλλα.

Athen. IV p. 144ᶜ Θεόφραστος δ᾽ ἐν τῷ πρὸς Κάσαν-
δρον περὶ βασιλείας εἰ γνήσιον τὸ σύγγραμμα· πολλοὶ γὰρ
αὐτό φασιν εἶναι Σωσιβίου, εἰς ὃν Καλλίμαχος ὁ ποιητὴς
ἐπίνικον ἐλεγειακὸν ἐποίησε) τοὺς Περσῶν φησὶ βασιλεῖς κτέ.
Athen. XI p. 493ᵈ—494ᵇ erzählt von einem scherze,
den Ptolemaeos Philadelphos sich mit Sosibios (ὁ λυτικὸς)
bei der gehaltsauszahlung machte.
Sosibios schrieb u. a. ὁμοιότητες, περὶ τῶν ἐν Λακε-
δαίμονι θυσιῶν, περὶ Ἀλκμᾶνος wenigstens 3 bb., χρόνων
ἀναγραφή.

Censor. de die nat. 21 *a priore scilicet cataclysmo, quem
dicunt et Ogygii, ad Inachi regnum annos circiter CCCC ⟨com-
putarunt, hinc ad excidium Troiae annos DCCC⟩, hinc ad olym-
piadem primam paulo plus CCCC. quos solos, quamvis mythici
temporis postremos, tamen quia a memoria scriptorum proximos
quidam certius definire voluerunt. et quidem Sosibius scripsit
esse CCCXCV, Eratosthenes autem septem et quadringentos, Ti-
maeus CCCCXVII, Crates DXIIII, et praeterea multi diverse,
quorum etiam ipsa dissensio incertum esse declarat.*

§ 53.   Clem. Al. strom. I 21, 117 p. 389 P. Σωσίβιος δὲ ὁ
Λάκων ἐν χρόνων ἀναγραφῇ κατὰ τὸ ὄγδυον ἔτος τῆς Χα-
ρίλλου τοῦ Πολυδέκτου βασιλείας Ὅμηρον φέρει. βασιλεύει
μὲν οὖν Χάριλλος ἔτη ἑξήκοντα τέσσαρα, μεθ᾽ ὃν υἱὸς Νί-
κανδρος ἔτη τριάκοντα ἐννέα· τούτου κατὰ τὸ τριακοστὸν
τέταρτον ἔτος τεθῆναί φησι τὴν πρώτην ὀλυμπιάδα, ὡς εἶναι
ἐννενήκοντά που ἐτῶν πρὸ τῆς τῶν Ὀλυμπίων θέσεως
Ὁμήρου.
Also rechnet: Sosibios die zerstörung von Troja = 1171
v. Ch.; das königthum des Charilaos = 873—810; des Ni-
kandros = 809—771; Nikandros' 34s jahr = ol. 1 = 776.
Athen. XIV p. 635ᶜ ἐγένετο δὲ ἡ θέσις τῶν Καρνείων
κατὰ τὴν ἕκτην καὶ εἰκοστὴν ὀλυμπιάδα (676 v. Ch.), ὡς
Σωσίβιός φησιν ἐν τῷ περὶ χρόνων. dasselbe datum hat
S. Julius Africanus Ὀλυμπιάδων ἀναγραφή p. 9 Rutgers.

Kallimachos

verfaszte um 247 die πίνακες τῶν ἐν πάσῃ παιδείᾳ διαλαμ-
ψάντων καὶ ὧν συνέγραψαν ἐν βιβλίοις κ´ καὶ ϱ´. vgl. C.
Wachsmuth die pinakographische thätigkeit des Kallimachos.
Philol. XVI 653. Fr. Nietzsche Rh. mus. XXIV 189.

Hermippos von Smyrna.

Müller FHG III 35. fr. ed. Adalb. Lozynski. Bonn. 1832.

Hermippos wird als peripatetiker bezeichnet und war
schüler von Kallimachos. (Athen. II p. 58ᶠ. V p. 213ᶠ.
XV p. 696ᶠ Ἕρμιππος ὁ Καλλιμάχειος.) er schrieb βίοι,
insbesondere νομοθετῶν, wenigstens 6 bb., τῶν ἑπτὰ σοφῶν;
von philosophen und rhetoren (Pythagoras, Aristoteles, Iso-
krates u. a.) und deren schülern, vgl. Hieronymus ob.
§ 46 s. 91.
Ioseph. w. Apion 1 22 p. 198 s. (fr. 21) πολλοὶ δὲ τὰ
περὶ αὐτὸν (Πυθαγόραν) ἱστορήκασι, καὶ τούτων ἐπισημό-
τατός ἐστιν Ἕρμιππος, ἀνὴρ περὶ πᾶσαν ἱστορίαν ἐπιμελής.
Academicor. philosophor. index Herculanensis (ed. Franc.
Bücheler Gryphisv. 1869) col. XI 4 Ἕρμιππος ἐν τ⟨οῖς βίοις
τῶν⟩ ἀπὸ φιλοσοφία⟨ς εἰς τυραννίδ⟩ας καὶ δυναστε⟨ίας
μεθεσ⟩τηκότων.
Dionys. Isaeos 1 p. 586 (fr. 58, οὐδὲ γὰρ ὁ τοὺς Ἰσο-

κράτους μαθητὰς ἀναγράψας "Ερμιππος, ἀκριβὴς ἐν τοῖς ἄλ- § 53.
λοις γενόμενος, ὑπὲρ τοῦδε τοῦ ῥήτορος ('Ισαίου) οὐδὲν
εἴρηκεν ἔξω δυοῖν τούτων. ὅτι διήκουσε μὲν 'Ισοκράτους,
καθηγήσατο δὲ Δημοσθένους, συνεγένετο δὲ τοῖς ἀρίστοις
τῶν φιλοσόφων. vgl. Harpokr. u. 'Ισαῖος (fr. 57).

Nicht zu verwechseln mit dem schüler des Kallimachos
ist Hermippos von Berytos, ein freigelassener, der unter
Hadrian lebte und περὶ τῶν διαπρεψάντων ἐν παιδείᾳ δού-
λων schrieb. vgl. C. Wachsmuth symb. phil. Bonn. p. 140.

Istros.

Müller FHG I lxxxv. xc. 418.

Suidas: "Ιστρος Μενάνδρου ἢ "Ιστρου. Κυρηναῖος ἢ Μα-
κεδών, συγγραφεύς, Καλλιμάχου δοῦλος καὶ γνώριμος. "Ερ-
μιππος δὲ αὐτόν φησι Πάφιον ἐν τῷ β΄ τῶν διαπρεψάντων
ἐν παιδείᾳ δούλων. ἔγραψε δὲ πολλὰ καὶ καταλογάδην καὶ
ποιητικῶς.

Istros schrieb unter andern ein sammelwerk u. d. t.
Συναγωγαί, dessen teile als 'Αττικά (oder 'Αττικαὶ συναγω-
γαί) 'Αργολικά 'Ηλιακά citiert werden, ἀποικίαι Αἰγυπτίων,
ὑπομνήματα, πρὸς Τίμαιον ἀντιγραφαί.

Polemon fr. 54 b. Athen. IX p. 387ᶠ Πολέμων ὁ περιη-
γητὴς "Ιστρον τὸν Καλλιμάχειον συγγραφέα εἰς τὸν ὁμώνυ-
μον κατεπόντου ποταμόν.

Eratosthenes von Kyrene.

G. Bernhardy Eratosthenica. Berol. 1822. Ders. in Ersch u. Gruber
Encyklop I 36 s. 221. Müller fragm. chronogr. p. 182.

Suidas: 'Ερατοσθένης 'Αγλαοῦ (οἱ δὲ 'Αμβροσίου) Κυρη-
ναῖος, μαθητὴς φιλοσόφου 'Αρίστωνος τοῦ Χίου, γραμματι-
κοῦ δὲ Λυσανίου τοῦ Κυρηναίου καὶ Καλλιμάχου τοῦ ποιη-
τοῦ. μετεπέμφθη δὲ ἐξ 'Αθηνῶν ὑπὸ τοῦ τρίτου Πτολε-
μαίου καὶ διέτριψε μέχρι τοῦ πέμπτου. διὰ δὲ τὸ δευτερεύειν
ἐν παντὶ εἴδει παιδείας τοῖς ἄκροις ἐγγίσας Βῆτα ἐπε-
κλήθη· οἱ δὲ καὶ δεύτερον ἢ νέον Πλάτωνα, ἄλλοι Πέντα-
θλον ἐκάλεσαν. ἐτέχθη δὲ ρκς΄ ὀλυμπιάδι, καὶ ἐτελεύτησεν
π΄ ἐτῶν γεγονώς, ἀποσχόμενος τροφῆς διὰ τὸ ἀμβλυώττειν,
μαθητὴν ἐπίσημον καταλιπὼν 'Αριστοφάνην τὸν Βυζάντιον,
οὗ πάλιν 'Αρίσταρχος μαθητής. μαθηταὶ δὲ αὐτοῦ Μνασέας

§ 53. καὶ Μένανδρος καὶ Ἄριστις. ἔγραψε δὲ φιλόσοφα καὶ ποιή-
ματα καὶ ἱστορίας, ἀστρονομίαν ἢ καταστερισμούς, περὶ τῶν
κατὰ φιλοσοφίαν αἱρέσεων, περὶ ἀλυπίας, διαλόγους πολ-
λούς, καὶ γραμματικὰ συχνά. Vgl. Suidas u. Ἀπολλώνιος α´: Ἀ.
— μαθητὴς Καλλιμά-
χου, σύγχρονος Ἐρατοσθένους καὶ Εὐφορίωνος καὶ Τιμάρχου,
ἐπὶ Πτολεμαίου τοῦ Εὐεργέτου ἐπικληθέντος, καὶ διάδοχος
Ἐρατοσθένους γενόμενος ἐν τῇ προστασίᾳ τῆς ἐν Ἀλεξαν-
δρείᾳ βιβλιοθήκης. Sueton. de grammat. 10 philologi appellationem assump-
sisse videtur (L. Ateius), quia sic ut Eratosthenes, qui primus
hoc cognomen sibi vindicavit, multiplici variaque doctrina cen-
sebatur. Strab. XVII p. 838 Κυρηναῖοι δ᾽ εἰσὶ καὶ Καλλίμαχος
καὶ Ἐρατοσθένης, ἀμφότεροι τετιμημένοι παρὰ τοῖς Αἰγυ-
πτίων βασιλεῦσιν, ὁ μὲν ποιητὴς ἅμα καὶ περὶ γραμματικὴν
ἐσπουδακώς, ὁ δὲ καὶ ταῦτα καὶ περὶ φιλοσοφίαν καὶ τὰ
μαθήματα εἴ τις ἄλλος διαφέρων. vgl. I p. 15.

Eratosthenes war geboren ol. 126, 2. 275 und starb ein-
undachtzig jahre alt ol. 146, 3. 194. seine berühmtesten werke
waren: Γεωγραφικά 3 bb. Χρονογραφίαι (bis zum tode von
Ptolemaeos III Euergetes ol. 139, 4. 221?); mit diesen ver-
bunden Ὀλυμπιονῖκαι.

Plin. XII II 247 universum autem circuitum (terrae) Era-
tosthenes, in omnium quidem litterarum subtilitate et in hac
utique praeter ceteros sollers, quem cunctis probari video, du-
centorum quinquaginta duorum milium stadiorum prodidit.

Fr. 1 Müller (Geo. Syncell. p. 91ʳ) τῶν Θηβαίων λεγομέ-
νων βασιλείαν . . . . . ὧν τὴν γνῶσιν, φησὶν (Ἀπολλόδω-
ρος χρονικὸς) ὁ Ἐρατοσθένης λαβὼν Αἰγυπτιακοῖς ὑπομνή-
μασιν καὶ ὀνόμασιν κατὰ πρόσταξιν βασιλικὴν τῇ Ἑλλάδι
φωνῇ παρέφρασεν οὕτως.

Fr. 3 (Clem. Al. strom. I 21 § 138 p. 402 Pott) Ἐρα-
τοσθένης δὲ τοὺς χρόνους ὧδε ἀναγράφει·

	jahre	vor ol. 1	v. Ch.	§ 53.
ἀπὸ μὲν Τροίας ἁλώσεως		407	1184/3	
ἐπὶ Ἡρακλειδῶν κάθοδον ἔτη ὀγδοήκοντα	80	327	1104/3	
ἐντεῦθεν δὲ ἐπὶ τὴν Ἰωνίας κτίσιν ἔτη ἑξήκοντα	60	267	1044/3	
τὰ δὲ τούτοις ἑξῆς, ἐπὶ μὲν τὴν ἐπιτροπίαν τὴν Λυκούργου ἔτη ἑκατὸν πεντήκοντα ἐννέα	159	108	885/4	
ἐπὶ δὲ (τὸ) προηγούμενον ἔτος τῶν πρώτων Ὀλυμπίων ἔτη ἑκατὸν ὀκτώ	108	ol. 1,1	777/6	
ἀφ᾽ ἧς ὀλυμπιάδος ἐπὶ τὴν Ξέρξου διάβασιν ἔτη διακόσια ἐνενήκοντα ἑπτά	297	ol. 75,1	480/79	
ἀφ᾽ ἧς ἐπὶ τὴν ἀρχὴν τοῦ Πελοποννησιακοῦ πολέμου ἔτη τεσσαράκοντα ὀκτώ	48	ol. 87,1	432/1	
καὶ ἐπὶ τὴν κατάλυσιν καὶ Ἀθηναίων ἧτταν ἔτη εἴκοσιν ἑπτὰ	27	ol. 93,4	405/4	
καὶ ἐπὶ τὴν ἐν Λεύκτροις μάχην ἔτη τριάκοντα τέσσαρα	34	ol. 102,2	371/0	
μεθ᾽ ἥν ἐπὶ τὴν Φιλίππου τελευτὴν ἔτη τριάκοντα πέντε	35	ol. 111,1	336/5	
μετὰ δὲ ταῦτα ἐπὶ τὴν Ἀλεξάνδρου μεταλλαγὴν ἔτη δώδεκα	12	ol. 114,1	324/3	

Summa 860 jahre.

Plut. Lykurg. 1 οἱ δὲ ταῖς διαδοχαῖς τῶν ἐν Σπάρτῃ βεβασιλευκότων ἀναλεγόμενοι τὸν χρόνον, ὥσπερ Ἐρατοσθένης καὶ Ἀπολλόδωρος, οὐκ ὀλίγοις ἔτεσι πρεσβύτερον ἀποφαίνουσι τῆς πρώτης ὀλυμπιάδος (Λυκοῦργον).

Dionys. arch. I 74 p. 187 von dem gründungsjahre der stadt Rom: Κάτων δὲ Πόρκιος Ἑλληνικὸν μὲν οὐχ ὁρίζει χρόνον, ἐπιμελὴς δὲ γενόμενος, εἰ καί τις ἄλλος, περὶ τὴν συναγωγὴν τῆς ἀρχαιολογουμένης ἱστορίας ἔτεσιν ἀποφαίνει δυσὶ καὶ τριάκοντα καὶ τετρακοσίοις ὑστεροῦσαν τῶν Ἰλιακῶν. ὁ δὲ χρόνος οὗτος ἀναμετρηθεὶς ταῖς Ἐρατοσθένους χρονογραφίαις κατὰ τὸ πρῶτον ἔτος πίπτει τῆς ἑβδόμης ὀλυμπιάδος.

Polemon von Ilion.

Müller FHG III 108. Polemonis fragmenta coll. L. Preller. Lips. 1838.

Suidas: Πολέμων Εὐηγέτου Ἰλιεύς, κώμης Γλυκείας ὄνομα, Ἀθήνησι δὲ πολιτογραφηθείς [διὸ ἐπεγράφετο Ἑλλαδικός], ὁ κληθεὶς περιηγητής, ἱστορικός. γέγονε δὲ κατὰ Πτολεμαῖον τὸν ἐπιφανῆ· κατὰ δὲ Ἀσκληπιάδην τὸν Μυρλεανὸν συνεχρόνισεν Ἀριστοφάνει τῷ γραμματικῷ καὶ διήκουσε †

§ 53. καὶ τοῦ Ῥοδίου Παναιτίου. ἔγραψε περιήγησιν Ἰλίου ἐν βιβλίοις γ΄, κτίσεις τῶν ἐν Φωκίδι πόλεων καὶ περὶ τῆς πρὸς Ἀθηναίους συγγενείας αὐτῶν, κτίσεις τῶν ἐν Πόντῳ πόλεων, περὶ τῶν ἐν Λακεδαίμονι (π. τ. ἐ. Λ. ἀναθημάτων Athen. XIII p. 574ᶜ), καὶ ἄλλα πλεῖστα· ἐν οἷς καὶ κοσμικὴν περιήγησιν ἤτοι γεωγραφίαν. Athen. VI p. 234ᵈ Πολέμων γοῦν ὁ εἴτε Σάμιος ἢ Σικυώνιος εἴτ᾽ Ἀθηναῖος ὀνομαζόμενος χαίρει, ὡς ὁ Μοψεάτης Ἡρακλείδης λέγει καταριθμούμενος αὐτὸν καὶ ἀπ᾽ ἄλλων πόλεων (ἐπεκαλεῖτο δὲ καὶ στηλοκόπας, ὡς Ἡρόδικος ὁ Κρατήτειος εἴρηκε) γράψας περὶ παρασίτων φησὶν οὕτως (fr. 78). Plutarch. Symp. V 2 p. 675ᵇ (fr. 27) τοῖς δὲ Πολέμωρος τοῦ Ἀθηναίου περὶ τῶν ἐν Δελφοῖς θησαυρῶν οἶμαι ὅτι πολλοῖς ὑμῶν ἐντυγχάνειν ἐπιμελές ἐστι, καὶ χρή, πολυμαθοῦς καὶ οὐ νυστάζοντος ἐν τοῖς Ἑλληνικοῖς πράγμασιν ἀνδρός. Steph. B. p. 249, 11 Δωδώνη· — προσθετέον οὖν τῷ περιηγητῇ Πολέμωνι ἀκριβῶς τὴν Δωδώνην ἐπισταμένῳ (fr. 30).

Polemon schrieb ferner περὶ τῆς Ἀθήνησιν ἀκροπόλεως 4 bb., ἀναγραφὴ τῶν ἐπωνύμων τῶν δήμων καὶ φυλῶν, περὶ τῆς ἱερᾶς ὁδοῦ, περὶ τῶν κατὰ πόλεις ἐπιγραμμάτων, περὶ Σαμοθράκης. περιήγησις Ἰλίου, πρὸς Νεάνθην ἀντιγραφαί, πρὸς Ἀδαῖον καὶ Ἀντίγονον wenigstens 6 bb., πρὸς Τίμαιον wenigstens 12 bb., περὶ τῆς Ἀθήνησιν Ἐρατοσθένους ἐπιδημίας u. a.

Athen. XI p. 479ᶠ Πολέμων γοῦν ἢ ὅστις ἐστὶν ὁ ποιήσας τὸν ἐπιγραφόμενον Ἑλλαδικόν, περὶ τοῦ ἐν Ὀλυμπίᾳ λέγων Μεταποντίνων νάου γράφει καὶ ταῦτα (fr. 20). XIII p. 606ᵃ Πολέμων δὲ ἢ ὁ ποιήσας τὸν ἐπιγραφόμενον Ἑλλαδικόν (fr. 28).

Apollodoros von Athen.

Ausg. v. Ch. Gotl. Heyne. II tom. Gotting. (1782) 1803. Müller FHG I xxxviii. 104. 428. Welcker, der ep. cyklus I² 83.

Auf dem chronologischen systeme des Eratosthenes beruht die chronik Apollodors.

Suidas: Ἀπολλόδωρος Ἀσκληπιάδου γραμματικός, εἷς τῶν Παναιτίου τοῦ Ῥοδίου φιλοσόφου καὶ Ἀριστάρχου τοῦ γραμματικοῦ μαθητῶν, Ἀθηναῖος τὸ γένος. ἦρξε δὲ πρῶτος τῶν καλουμένων τραγιάμβων.

[Skymnos] Περιήγ. 16 Geogr. gr. min. I 196 s. Müller: § 53.

τοῖς ἐν Πεγράμῳ
βασιλεῦσιν, ὧν ἡ δόξα καὶ τεθνηκότων
παρὰ πᾶσιν ἡμῖν ζῶσα διὰ παντὸς μένει,
τῶν Ἀττικῶν τις γνησίων τε φιλολόγων,
20 γεγονὼς ἀκουστὴς Διογένους τοῦ Στωικοῦ,
συνεσχολακὼς δὲ πολὺν Ἀριστάρχῳ χρόνον,
συνετάξατ᾿ ἀπὸ τῆς Τρωικῆς ἁλώσεως
χρονογραφίαν στοιχοῦσαν ἄχρι τοῦ νῦν βίου.
ἔτη δὲ τετταράκοντα πρὸς τοῖς χιλίοις
25 ὡρισμένως ἐξέθετο, καταριθμούμενος
πόλεων ἁλώσεις, ἐκτοπισμοὺς στρατοπέδων,
μεταναστάσεις ἐθνῶν, στρατείας βαρβάρων,
ἐφόδους περαιώσεις τε ναυτικῶν στόλων,
θέσεις ἀγώνων, συμμαχίας, σπονδάς, μάχας,
30 πράξεις βασιλέων, ἐπιφανῶν ἀνδρῶν βίους,
φυγάς, στρατείας, καταλύσεις τυραννίδων,
πάντων ἐπιτομὴν τῶν χύδην εἰρημένων.
μέτρῳ δὲ ταύτην ἐκτιθέναι προείλετο,
τῷ κωμικῷ δέ, τῆς σαφηνίας χάριν,
35 εὐμνημόνευτον ἐσομένην οὕτως ὁρῶν. —
45 Κεῖνος μὲν οὖν κεφάλαια συναθροίσας χρόνων
εἰς βασιλέως ἀπέθετο φιλαδέλφου χάριν,
ἃ καὶ διὰ πάσης γέγονε τῆς οἰκουμένης,
ἀθάνατον ἀπονέμοντα δόξαν Ἀττάλῳ
τῆς πραγματείας ἐπιγραφὴν εἰληφότι.

Attalos II Philadelphos war könig von Pergamon 159
—138. Apollodors chronik umfaszte die jahre 1184—144
v. Ch. (— ol. 158, 4).

Diod. I 5 τῶν δὲ χρόνων — τοὺς μὲν πρὸ τῶν Τρωι-
κῶν οὐ διοριζόμεθα βεβαίως διὰ τὸ μηδὲν παράπηγμα παρειλη-
φέναι περὶ τούτων πιστευόμενον, ἀπὸ δὲ τῶν Τρωικῶν ἀκο-
λούθως Ἀπολλοδώρῳ τῷ Ἀθηναίῳ τίθεμεν ὀγδοήκοντ᾿ ἔτη
πρὸς τὴν κάθοδον τῶν Ἡρακλειδῶν, ἀπὸ δὲ ταύτης ἐπὶ τὴν
πρώτην ὀλυμπιάδα δυσὶ λείποντα τῶν τριακοσίων καὶ τριά-
κοντα, συλλογιζόμενοι τοὺς χρόνους ἀπὸ τῶν ἐν Λακεδαί-
μονι βασιλευσάντων.

Diodor citiert Apollodor bei litterarhistorischen daten
XIII 103 Ἀ. ὁ τὴν χρονικὴν σύνταξιν πραγματευσάμενος.
108 Ἀπολλόδωρος ὁ Ἀθηναῖος.

§ 53.   Strab. XIV p. 677 (fr. 122) ὁ γὰρ Ἀπολλόδωρος ἐν τοῖς
περὶ νεῶν (den Homerischen schiffskatalog) ἔτι καὶ τοιαῦτα
λέγει (von der dreiseitigen gestalt Kleinasiens) . . . ἀμαθία
τὸ λέγειν τριγωνοειδὲς τὸ τοιοῦτον τετράπλευρον, οὐδὲ χωρο-
γραφικόν. ὁ δὲ καὶ χωρογραφίαν ἐξέδωκεν ἐν κωμικῷ μέ-
τρῳ γῆς περίοδον ἐπιγράψας.
        Bei Steph. B. wird öfters (z. b. p. 648, 5 u. Ὑλλεῖς)
angeführt Ἀπολλόδωρος ἐν τῷ περὶ γῆς δευτέρῳ; p. 241, 11
citiert Stephanos: Ἀπολλόδωρος ἢ ὁ τὰ τούτου ἐπιτεμνόμε-
νος 'τὴν δὲ χώραν ἔχουσι Δυμαῖοι'.
        Apollodor schrieb ferner u. a. περὶ θεῶν 24 bb. und
die unvollständig erhaltene βιβλιοθήκη 3 bb.

Satyros.

Müller FHG III 159. Westermann qu. Demosth. IV 32. Bernays Theophr.
    schr. üb. frömmigkeit s. 32. 161.

        Satyros ὁ περιπατητικός, schüler von Aristarch, schrieb
(unter Ptolemaeos Philometor) βίοι ἐνδόξων ἀνδρῶν.
        Phot. bibl. cod. 190 p. 151ᵇ 21 (aus Ptolem. Chennos)
Σάτυρος δ' ὁ Ἀριστάρχου γνώριμος ζῆτα ἐκαλεῖτο διὰ τὸ
ζητητικὸν αὐτοῦ.
        Hieronym. adv. Iovinian. II 14 refert Satyrus, qui illu-
strium virorum scribit historias . . . vgl. o. s. 91.
        Darin waren enthalten biographien von feldherren wie
könig Philipp II, von rednern, philosophen und dichtern.
        Athen. VI p. 248ᵈ . . . Σάτυρος ὁ περιπατητικὸς ἐν τῷ
Φιλίππου βίῳ u. ö.
        Vit. X or. p. 847ᵃ vom tode des Demosthenes: Σάτυ-
ρος ὁ συγγραφεὺς . . .
        Diog. Laert. VIII 40. IX 26 citiert Ἡρακλείδης ἐν τῇ
τῶν Σατύρου βίων ἐπιτομῇ.

§ 54. Polybios von Megalopolis

        (geb. cᵃ 208 † cᵃ 127 v. Ch.) schrieb über Philopoemen in
3 bb. bald nach dessen tode (ol. 149, 1/2. 183).
        Polyb. X 21 εἰ μὲν οὖν μὴ κατ' ἰδίαν ἐπεποιήμεθα τὴν
περὶ αὐτοῦ (Φιλοποίμενος) σύνταξιν, ἐν ᾗ διεσαφοῦμεν καὶ
τίς ἦν καὶ τίνων, καὶ τίσιν ἀγωγαῖς ἐχρήσατο νέος ὤν,
ἀναγκαῖον ἦν ὑπὲρ ἑκάστου τῶν προειρημένων φέρειν ἀπο-

λογισμόν. ἐπεὶ δὲ πρότερον ἐν τρισὶ βιβλίοις ἐκτὸς ταύ- §54.
της τῆς συντάξεως τὸν ὑπὲρ αὐτοῦ πεποιήμεθα λόγον, τήν
τε παιδικὴν ἀγωγὴν διασαφοῦντες καὶ τὰς ἐπιφανεστάτας
πράξεις, δῆλον ὡς ἐν τῇ νῦν ἐξηγήσει πρέπον ἂν εἴη τῆς
μὲν νεωτερικῆς ἀγωγῆς καὶ τῶν νεωτερικῶν ζήλων κατὰ μέ-
ρος ἀφελεῖν, τοῖς δὲ κατὰ τὴν ἀκμὴν αὐτοῦ κεφαλαιωδῶς
ἐκεῖ δεδηλωμένοις ἔργοις προσθεῖναι καὶ κατὰ μέρος, ἵνα τὸ
πρέπον ἑκατέρᾳ τῶν συντάξεων τηρῶμεν. ὥσπερ γὰρ ἐκεῖ-
νος ὁ τόπος ὑπάρχων ἐγκωμιαστικὸς ἀπήτει τὸν κεφαλαιώδη
καὶ μετ' αὐξήσεως τῶν πράξεων ἀπολογισμόν, οὕτως ὁ τῆς
ἱστορίας, κοινὸς ὢν ἐπαίνου καὶ ψόγου, ζητεῖ τὸν ἀληθῆ
καὶ τὸν μετ' ἀποδείξεως καὶ τῶν ἑκάστοις παρεπομένων συλ-
λογισμῶν.

Diese schrift hat Plutarch im leben Philopoemens be-
nutzt: s. Heinr. Nissen krit. untersuch. üb. d. quellen der IVn
u. Vn dekade des Livius s. 280.

Nachdem Polybios im jahre 166 nach Italien abgeführt
war, entwarf er den plan zu seiner pragmatischen geschichte
(ἱστορία πραγματική).